Memórias Póstumas de Brás Cubas

Daniele dos Santos Souza Onodera

Memórias Póstumas de Brás Cubas

Atualização e virtualidade na construção da literatura
como memorial

Novas Edições Acadêmicas

Impressum / Impressão

Bibliografische Information der Deutschen Nationalbibliothek: Die Deutsche Nationalbibliothek verzeichnet diese Publikation in der Deutschen Nationalbibliografie; detaillierte bibliografische Daten sind im Internet über http://dnb.d-nb.de abrufbar.

Informação biográfica publicada por Deutsche Nationalbibliothek: Nationalbibliothek numera essa publicação em Deutsche Nationalbibliografie; dados biográficos detalhados estão disponíveis na Internet: http://dnb.d-nb.de.

Coverbild / Imagem da capa: www.ingimage.com

Verlag / Editora:
Novas Edições Acadêmicas
ist ein Imprint der / é uma marca de
OmniScriptum GmbH & Co. KG
Heinrich-Böcking-Str. 6-8, 66121 Saarbrücken, Deutschland / Niemcy
Email / Correio eletrônico: info@nea-edicoes.com

Herstellung: siehe letzte Seite /
Publicado: veja a última página
ISBN: 978-3-639-69634-9

À minha família, meu esteio.

El origen no es la esencia; lo que importa es el devenir. Pero toda cosa oscura se aclara en sus arcaísmos. Del sustantivo 'arché', que significa a un mismo tiempo razón de ser e inicio. Quien retrocede en el tiempo avanza en conocimiento.

(Regis Debray)

RESUMO

O objetivo deste trabalho é discutir como no romance *Memórias Póstumas de Brás Cubas* de Machado de Assis, a forma literária contribui para a construção do memorial histórico-social da temporalidade em que esta obra foi produzida. Em um primeiro momento, baseado nos pressupostos de Lukács (2000), discorreu-se sobre o fato de que a não pré-normatização formal no romance permitiu-lhe, mais do que em outros gêneros, a transposição da realidade para o plano literário. Em seguida, situou-se Machado de Assis, tanto em relação às questões políticas e sociais que permeavam o cotidiano do Império brasileiro, quanto frente à pratica literária e à estética realista. Por fim, esta dissertação concentrou-se na análise do relato memorial do defunto autor Brás Cubas. A partir da metáfora da "virtualidade" e da "atualização" – ambos termos conceituados por Pierre Lévy (1996) – buscou-se verificar como a atualização que o defunto autor faz de sua trajetória de vida imersa no universo memorial (virtual), revela simultaneamente o contexto histórico-social da corte do século XIX.

Palavras-chave: Literatura e História, Prosa de Ficção, Brasil no século XIX, Machado de Assis, Virtualidade e Atualização.

ABSTRACT

The objective of this paper is to discuss how the literary form competes in the building of a historical and social memory of the temporality in the novel *Memórias Póstumas de Brás Cubas* by Machado de Assis considering the period in which it was produced. Firstly, it was used Lukács´studies (2000) to talk about the fact that the novel did not have a formal pre adaptation and because of that permitted, more than in other genres, the transposition from reality to the literary plan. Secondly, Machado de Assis was situated in relation to social and political aspects that surrounded the daily life in the Brazilian empire, and also in relation to literary practice and literary plan. Finally, this paper focused on the analysis of the memorial report by the dead-author Brás Cubas. Using the famous metaphors created by Pierre Lévy (1996) – "virtualization" and "update". – it was verified how the update about his life imerse in the memorial universe (virtual) made the dead-author to reveal the social and historical context of the court in the 19th century simultaneously.

Keywords: literature and history, prose fiction, Brazil in the 19th century, Machado de Assis, virtualization and update.

ÍNDICE

INTRODUÇÃO

Na interpretação de Todorov (2009, p. 65) ao afirmar que "a vida imita a arte muito mais do que arte imita a vida", Oscar Wilde[1], como um defensor da autonomia da obra de arte, não pretendeu negar em nenhum momento a relação existente entre as duas.

Mesmo que a obra literária seja entendida como universo autônomo e acabado, é possível estabelecer conexões com a temporalidade que a produziu, isto porque "se o discurso histórico contextualiza o discurso da ficção, este, por sua vez, o intertextualiza e o transforma em elemento subsidiário da obra literária" (TELES, 1996, p.379).

Considerado esse pressuposto, verifica-se que toda obra literária cumpre uma missão memorial e que a identificação de aspectos do contexto histórico e social da qual esta emergiu depende muito mais do procedimento com o qual a obra é indagada pelo crítico, pois em cada uma essa relação apresenta-se de modos distintos – os níveis de identificação da arte com a realidade apesar de serem variáveis de estética para estética, de texto para texto, de autor para autor, estão sempre presentes. Pode-se dizer que até uma obra política e moralmente tendenciosa, isto é, que mantém relação explícita com a realidade, pode ser vista como estrutura literária meramente formal. Por outro lado, é igualmente lícito afirmar que todo produto artístico, mesmo um ao qual seu criador não vinculou qualquer espécie de intenção prática – como é o caso daqueles artistas que cultivaram "arte pela arte"[2] –,

---

[1] WILDE, Oscar. **Le déclin Du mensonge**. Euvres, Paris: Gallimard, 1996. p.791.
[2] O socialista russo Georgi Plekhánov (1936 apud WELLEK; WARREN, 2003 p. 124), por exemplo, acredita que a doutrina da *arte pela arte* desenvolve-se quando os artistas sentem "uma contradição desesperada entre os seus objetivos e os objetivos da sociedade a qual pertencem. Os artistas devem ser muito hostis à sua sociedade e não devem enxergar nenhuma esperança em mudá-la".

pode ser considerado a expressão e o instrumento de causalidade histórica e social, constituindo-se assim, como um memorial de seu tempo[3].

As diferentes maneiras de debruçar-se sobre a obra, apenas são possíveis porque na composição do texto literário a forma e o contexto que as produziu conjugaram-se. De certo modo, a *mímesis* aristotélica revelava essa comunhão, ao propor que o poeta não deveria efetuar uma cópia da realidade, mas sim uma representação criativa que para constituir-se necessita de uma estrutura formal.

> A tarefa do poeta não consiste, como poderia parecer à primeira vista, em transpor os elementos observados na realidade, mas especificamente, em elaborar a referida estrutura, onde eles adquirem sentido. Isto quer dizer que o poeta não encontra enredos prontos, mas precisa inventá-los a partir de fontes diversas [...] (MCKEON[4], 1945 apud CANDIDO, 2006, p.92).

No caso do romance, a isenção das normas que regulamentavam a estrutura dos gêneros clássicos lhe concedeu flexibilidade formal para a execução dessa representação criativa possibilitando que, em sua forma, mais do que a de outros gêneros, fosse estabelecida uma relação com realidade que circundou o processo de construção da obra literária.

Nos estudos da obra de Machado de Assis é recorrente a hipótese de que o escritor ao produzir seus romances e contos transpôs para o universo ficcional o Brasil do século XIX[5], registrando em sua literatura a Independência, o Império, a Abolição e a República; eternizando o cotidiano subjugado pelo patriarcalismo e pelo clientelismo; dando forma a personagens singulares que assumiram o papel de escravos, de libertos, de homens brancos pobres, de agregados, de senhores e sinhás; sinalizando as

---

[3] "O ativismo de Dante [por exemplo] não exclui uma interpretação puramente estética da *Divina comédia*, do mesmo modo que o formalismo de Flaubert não impede uma explicação sociológica de *Madame Bovary* e de *Educação sentimental*" (HAUSER, 1996, p. 748).

[4] MCKEON, Richard. Literary criticism and the concept of imitation in antiquity. In: CRANE, R. (Org.). **Critics and Criticism:** Ancient and Modern. Chicago: The University of Chicago Press, 1954.

[5] Essa hipótese vem sendo defendida, ainda que por linhas diferentes, por críticos literários como Roberto Schwarz (1981; 1990) e John Gledson (1991; 2003) e por historiadores como Sidney Chalhoub (2003).

relações de favor, as incoerências políticas e ideológicas da elite e suas ações que visavam à manutenção de seus privilégios e de seu poder político e econômico; ironizando as aspirações brasileiras de superar o provincianismo e ingressar no quadro de países civilizados aderindo aos modelos de vida europeus.

Tal hipótese, contudo, parece contraditória quando se pondera o fato de que rejeitando o realismo inventário, a forma explícita de referência, o naturalismo praticado por escritores como Zola, Flaubert e Eça de Queirós[6], Machado de Assis defendeu uma prática literária que não sacrificasse a verdade estética, desviando-se do *corpus* da literatura romanesca, que em seu século, voltou-se para a realidade e para o engajamento político fazendo da obra quase um manifesto de denúncia dos problemas brasileiros[7].

Entretanto, se em sua literatura o escritor sobrepôs o ficcional ao histórico, também é certo que o fez "sem deixar de lado o essencial para datar e contextualizar toda a sua aventura imaginária" (TELES, 1996, p.383). Assim, mesmo numa obra como as *Memórias Póstumas de Brás Cubas* em que o argumento ficcional é totalmente fantástico e desviante dos preceitos realistas, a literatura machadiana cumpre sua missão memorial, já que para dar acabamento ao defunto autor foi necessário emoldurá-lo histórica e socialmente, e a partir deste contexto justificar suas ações, identificar sua ideologia, compreender as motivações de seu relato.

Mais do que simples pano de fundo, verifica-se que o contexto histórico-social, em certas passagens, apresenta-se totalmente imbricado com o relato memorialista do defunto autor:

---

[6] A prática literária de Eça de Queirós estava fixada no pressuposto, inspirado no realismo francês, de captar um máximo de realidade e compô-la com o mínimo de ficção (QUEIRÓS, 1887 apud SEVCENKO, 2003a, p.238).
[7] É o caso, por exemplo, dos romances naturalistas *O mulato* (1881) e *O cortiço* (1890) de Aluísio Azevedo.

> Suspendamos a pena; não adiantemos os sucessos. Vamos de um salto a 1822, **data da nossa independência política e do meu primeiro cativeiro pessoal** (MP, p.72, grifo nosso)[8].

> Vi-a [Marcela] pela primeira vez, no Rossio Grande, na noite das luminárias, logo que constou a declaração da independência, uma festa de primavera, um amanhecer da alma pública. **Éramos dois rapazes, o povo e eu; vínhamos da infância, com todos os arrebatamentos da juventude** (MP, p.73, grifo nosso).

O reconhecimento nas *Memórias Póstumas* dessas passagens em que há uma plena identidade entre o contexto e a narrativa da trajetória de vida de Brás Cubas levou este trabalho a considerar, em primeira instância, o fato de que sendo o defunto autor, aquele que monopoliza o discurso, é também o instrumento que media tudo o que se pode afirmar acerca da obra. Consequentemente, na forma com a qual está estruturado o seu relato e nas ações evidenciadas por este, encontra-se a chave de toda construção memorial empreendida pelo romance, pois é através de sua rememoração que se revela nas *Memórias* a trajetória de vida do personagem-protagonista e o cotidiano da corte no século XIX.

Admitido esse viés analítico, com as considerações histórico-filosóficas de Lukács (2000) acerca do romance, conseguiu-se o entendimento, não apenas de como se estabelece neste gênero a relação entre a forma e a temporalidade que produziu a obra literária, como também o subsídio para justificar porque a recordação configura-se para o herói romanesco como "um momento de valor" (LUKÁCS, 2000, p.133) ainda que traga à tona – como o caso de Brás Cubas – uma sucessão de fracassos.

Em Pierre Lévy (1996), buscou-se a compreensão dos termos "virtualidade" e "atualização" que neste trabalho serão empregados como metáforas do exercício realizado pelo defunto autor que, como escritor de suas memórias distanciado no tempo e no espaço, torna-se leitor e intérprete

---

[8] Visando diferenciar a citação de passagens do texto das *Memórias Póstumas de Brás Cubas*, objeto de estudo deste trabalho, de outras citações de textos de Machado de Assis, convencionar-se-á a sigla "MP" para referenciar o romance em questão.

de sua própria vida, ou seja, "atualiza" as recordações de um universo memorial e, portanto, "virtual" no qual está inserido o Brás Cubas personagem-protagonista, toda sua trajetória e todo contexto que lhe serviu como pano de fundo.

As informações necessárias para contextualizar histórica e socialmente o Brasil entre os anos de 1805 e 1869 e analisar o relato do defunto autor de modo a identificar em suas memórias as memórias da corte[9], foram obtidas - para alguns esclarecimentos - por meio do estudo da obra de vários autores.

A leitura de Gilberto Freyre (2002) e de Sergio Buarque de Holanda (1995) possibilitou que se identificassem no ambiente familiar de Brás Cubas, valores morais e aspectos singulares do cotidiano urbano da família patriarcal. Ademais, esses autores forneceram dados importantes acerca da vida política e econômica do Brasil do século XIX, fato que permitiu, entre outros aspectos, a compreensão não apenas das relações de poder, mas de como esse poder foi transmitido, durante o Império de D. Pedro II, dos patriarcas rurais para as mãos dos bacharéis da corte.

As obras de Adolfo Morales de los Rios Filho (2000) e Jurandir Malerba (2000) ofereceram um painel de como se davam na corte, as celebrações religiosas e as manifestações populares de adulação ao rei D. João VI.

Emília Viotti Costa (2007) foi essencial para que se compreendesse a verdadeira condição das mulheres no Rio de Janeiro do século XIX – das sinhás às lavadeiras e prostitutas - que nas *Memórias Póstumas* estão representadas por várias personagens femininas.

As análises da obra machadiana empreendidas por Roberto Schwarz (1981) (1990) e Sidney Chalhoub (2003), à medida que assinalaram as convergências entre os fatos históricos e o texto ficcional, certificaram a

---

[9] Os Apêndices A e B apresentam as tabelas nas quais foi registrado o mapeamento histórico-social a partir do qual se desenvolveu o capítulo III que trata especificamente da identificação do contexto no relato memorial do defunto Brás Cubas. No Apêndice A, transcreveram-se as passagens em que havia alusões a fatos históricos do século XIX. No Apêndice B, registraram-se as passagens da obra a partir das quais era possível identificar aspectos sociais, culturais, políticos, econômicos do século.

hipótese da literatura como memorial e alertaram sobre os temas recorrentes na obra de Machado de Assis.

O estudo de Sidney Chalhoub (1996) sobre surtos epidêmicos ao longo do século XIX e de João José Reis (1997) a respeito dos rituais fúnebres, foram fundamentais para interpretar as inúmeras mortes que ocorrem nas *Memórias Póstumas*, bem como para relacionar ao contexto histórico, as manifestações e comentários tecidos pelas personagens à propósito destas.

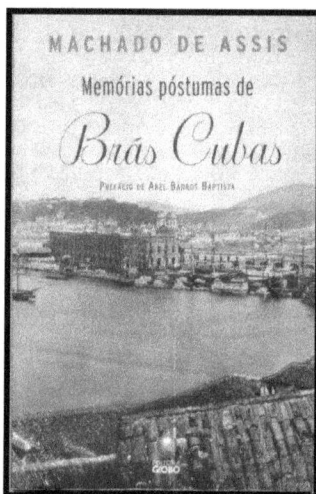

Figura 1: Capa da edição do romance *Memórias Póstumas de Brás Cubas* que serviu de objeto de estudo para este trabalho. A foto "Panorama do Rio de Janeiro a partir da ilha das cobras" (1866), que ilustra a capa, parece antever o texto literário no qual o olhar distanciado do defunto autor atualizará sua trajetória e a sociedade carioca no século XIX.
Fonte: Instituto Moreira Sales (2006, p.42-43).

Assim, partindo do princípio de que tudo que pode ser afirmado sobre essa obra passa pelo crivo do defunto autor, das concepções de Lukács, valendo-se das metáforas da virtualidade e da atualização e de posse das informações do contexto histórico e social, planificaram-se os capítulos deste trabalho no intuito de **discutir como nas *Memórias Póstumas de Brás Cubas*, a forma literária concorre na construção do memorial**.

No primeiro capítulo, A LITERATURA E A CONSTRUÇÃO DO MEMORIAL HISTÓRICO-SOCIAL, pontuaram-se a gênese do romance e sua relação com o nascimento de uma cultura burguesa individualista. Em seguida, explanou-se a respeito de como sua flexibilidade formal permitiu que este gênero – mais do que aqueles consagrados pela tradição clássica como a epopeia e a tragédia – se moldasse a partir de uma referência incorporando a opção ética do escritor e a temporalidade que produziu a obra. Ademais, situou-se Machado de Assis tanto em relação a questões políticas e sociais que permeavam o cotidiano do Império brasileiro, quanto frente à prática literária e à estética realista. Por fim, buscou-se relacionar o posicionamento do escritor à forma literária das *Memórias Póstumas*, ressaltando que as ações que compõe o enredo, a maneira como é efetivado o relato e o fato de haver um personagem memorialista que monopoliza o discurso, são todos aspectos que fazem parte de um projeto bem definido por Machado de Assis que visava expressar por meio deles, sobretudo, as contradições ideológicas de seu tempo.

No segundo capítulo, DEFUNTO LEITOR: VIRTUALIDADE E ATUALIZAÇÃO NAS MEMÓRIAS PÓSTUMAS DE BRÁS CUBAS, após conceituar com base em Lévy os termos virtualidade e atualização, indicando que todo texto é um objeto virtual que ao ser lido é na verdade atualizado, isto é, interpretado pelo leitor, concebeu-se dois planos no qual se fixa, no entendimento deste trabalho, a dialética virtualidade/atualização no romance *Memórias Póstumas*. Fixando-se no segundo plano, no qual o defunto autor torna-se o *agente atualizador*, ou seja, o leitor de sua própria vida, e sua memória o *objeto virtual*, procurou-se discorrer sobre como a ideologia senhorial e as aspirações pessoais de Brás Cubas interferiram na seleção dos fatos rememorados, no modo como são rememorados, bem como justificam a necessidade que o defunto autor tem de passar a limpo sua própria trajetória de vida.

13

No terceiro capítulo, VIRTUALIDADE: A TRAJETÓRIA DE VIDA DE BRÁS CUBAS, PERSONAGEM-PROTAGONISTA, NA MEMÓRIA DO DEFUNTO AUTOR, organizada por focos temáticos – que visam reunir ações aparentemente diversas para fixar as relações existentes entre elas – apresentou-se a trajetória de vida do personagem-protagonista atualizada segundo a ótica do defunto autor e contextualizada no cotidiano do Rio de Janeiro entre os anos 1805 e 1869 – respectivamente, data de nascimento e morte de Brás Cubas. Confrontando esse período ao relato memorial, à medida que se discorria sobre o enredo das *Memórias Póstumas*, buscou-se compreender o olhar que o atualizador lança sobre a matéria que será narrada, justificar a presença de determinadas ações e o comportamento dos personagens, e por fim, explicar e evidenciar as conexões que o exercício memorial do defunto autor estabelece com o contexto histórico-social.

Nas CONSIDERAÇÕES FINAIS far-se-á um breve esboço do caminho percorrido pelos três capítulos, assinalando os resultados aos quais foi possível chegar à pretensão deste trabalho de identificar nas *Memórias Póstumas de Brás* Cubas, por meio das metáforas da virtualidade e da atualização, a construção da literatura como memorial.

14

1. A LITERATURA E A CONSTRUÇÃO DO MEMORIAL HISTÓRICO-SOCIAL

Para discorrer sobre a construção do memorial histórico-social no romance *Memórias Póstumas de Brás Cubas* é preciso que se verifique em que aspectos possíveis essa obra não apenas dialoga com a realidade por meio do enredo desenvolvido, mas fixa-a em sua estrutura.

Em *Formação da Literatura Brasileira*, Antonio Candido (2007, p. 35) afirma que:

> Uma obra é uma realidade autônoma, cujo valor está na fórmula que obteve para plasmar elementos não-literários: impressões, paixões, ideias, fatos, acontecimentos, que são a matéria-prima do ato criador. [E que a] sua importância quase nunca é devida à circunstancia de exprimir um aspecto da realidade, social ou individual, mas à maneira por que o faz.

Visando a compreensão desta "maneira de fazer" no romance em questão, neste capítulo inicial, primeiramente, apresentar-se-á, com base na teoria de Lukács (2000), os aspectos próprios do gênero observando, em especial, sua peculiaridade formal de remeter ao contexto histórico-social. Em seguida, buscar-se-á situar o escritor Machado de Assis frente a situação histórica e social, mostrando como a visão crítica do jovem cronista seguirá viva no romancista maduro por meio de um realismo singular.

Conjugados esses dois aspectos, identificar-se-á como Machado de Assis estruturou a forma romanesca das *Memórias Póstumas de Brás Cubas*, e como a partir desta estrutura o romance machadiano construiu o memorial histórico-social da corte brasileira do século XIX.

1.1 O ROMANCE: A PROSA DO COTIDIANO

Marcel Proust (2005 apud LIMA, 2006, p.349) afirma que quando o interesse por um romance se esgota, este pode recomeçar uma vida nova como documento histórico. Esse recomeço é possível porque apesar de a literatura ser uma fonte de si mesma – produto de uma sensibilidade – isto não a desabona de servir ao historiador como documento, pois à medida que o texto literário registra, no tempo, "as razões e sensibilidades dos homens em um certo momento da história", ou seja, suas impressões da vida – "sonhos, medos, angústias, pecados, virtudes, da regra e da contravenção, da ordem e da contramão da vida" (PESAVENTO, 2006, p.8) –, este atinge uma das metas mais buscadas nos domínios da História Cultural:

> Capturar a impressão de vida, a energia vital, a *enargheia* presente no passado, na raiz da explicação de seus atos e da sua forma de qualificar o mundo. E estes traços, eles podem ser resgatados na narrativa literária, muito mais do que em outro tipo de documento. Como afirma Ginzburg[10], a poesia – ou a literatura – **constitui uma realidade que é verdadeira para todos os efeitos, mas não no sentido literal** (PESAVENTO, 2006, p.8, grifo do autor).

Mesmo que se conteste a validade do argumento, alegando que apenas os romances realistas na linha de Balzac e Zola poderiam constituir-se como alternativas ao historiador para recuperar as "impressões de vida" de uma época determinada, isto é, apenas esse tipo de literatura construiria, devido às suas peculiaridades, um memorial histórico-social, todas as obras podem ser qualificadas como testemunhos de seu tempo[11].

---

[10] GINZBURG, Carlo. **Olhos de madeira**: nove reflexões sobre a distância. São Paulo, Companhia das Letras, 2001, p.55.
[11] Wellek e Warren (2003, p.129) lembram que mesmo a alegoria mais abstrusa, a pastoral mais irreal, a farsa mais escandalosa conseguem, se adequadamente interrogadas, revelar dados da época em que foram escritas. Também Todorov (2009, p.49) ressalta que na Europa cristã dos primeiros séculos condicionada pelo momento histórico, a poesia assumiu, sobretudo, um caráter religioso fazendo com que esta se prestasse à transmissão e a glorificação de uma doutrina da qual arte literária representava uma variante "mais acessível e mais impressionante, mas ao mesmo tempo menos precisa".

No caso da prosa romanesca, a identificação do memorial histórico-social, deve considerar o fato de que esse gênero literário nasce como sintoma da Modernidade, uma época "para a qual a totalidade extensiva da vida não é mais dada de modo evidente, para a qual a imanência do sentido à vida tornou-se problemática, mas que ainda assim tem por intenção a totalidade"[12] (LUKÁCS, 2000, p.55).

Frente ao moderno, à totalidade ou à realidade pretendida não será alcançada por meio de verdades universais, como era possível na visão dos escolásticos realistas da Idade Média, e sim através de uma descoberta de pressupostos individuais. Se naquela época, a visão perspectívica não era possível, no contexto a partir do qual aflora o romance será impossível a visão universal.

A ideia da Terra imóvel, fixa no centro do universo, condicionava o homem a uma posição também "fixa **no** mundo e não uma posição **em face** dele" (ROSENFELD, 1996, p. 78, grifo do autor). A ordem de todas as coisas estava sujeita a uma mente divina a qual o homem integrava-se pelo menos em parte. Entretanto:

> No momento em que a Terra começa a mover-se, essa ordem parece fadada à dissolução. A reviravolta coperciana é seguida de outra, no dizer de Kant: já não é o mundo que prescreve as leis à nossa consciência, é esta que prescreve as leis ao mundo. Antes de tudo, prescreve-lhe as perspectivas de espaço e tempo, formas subjetivas da nossa consciência, a mercê das quais projeta a realidade sensível dos fenômenos (ROSENFELD, 1996, p.78).

---

[12] Acredita-se que concepção de Lukács acerca do mundo relaciona-se, de certa forma, às considerações de Berman (1987, p.15) a respeito da experiência do homem moderno frente ao mundo desagregado da atualidade. Diz ele em *Tudo que é sólido desmancha no ar*: "Existe um tipo de experiência vital – experiência de tempo e espaço, de si mesmo e dos outros, das possibilidades e perigos da vida – que é compartilhada por homens e mulheres em todo o mundo, hoje. Designarei esse conjunto de experiências como "modernidade". Ser moderno é encontrar-se em um ambiente que promete aventura, poder, alegria, crescimento, autotransformação e transformação das coisas ao redor – mas ao mesmo tempo ameaça destruir tudo o que temos, tudo o que sabemos, tudo o que somos. A experiência ambiental da modernidade anula todas as fronteiras geográficas e raciais, de classe e nacionalidade, de religião e ideologia: nesse sentido, pode-se dizer que a modernidade une a espécie humana. Porém, é uma unidade paradoxal, uma unidade de desunidade: ela nos despeja a todos num turbilhão de permanente desintegração e mudança, de luta e contradição, de ambiguidade e angústia. Ser moderno é fazer parte de um universo no qual, como disse Marx, 'tudo que é sólido desmancha no ar'". (MARX, Karl; ENGELS, Friedrich. **Manifesto do Partido Comunista**. São Paulo: Global, 1981).

Essa forma de enxergar o mundo a partir da consciência humana que já havia aparecido pela primeira vez com os sofistas no pensamento de Protágoras "O homem é a medida de todas as coisas" ([século V a.C.] apud ROSENFELD, 1996, p.78), ressurge após a Idade Média com Descartes que disseminou a ideia de que nada deve ser aceito passivamente[13], deslocando, portanto, o homem da visão universal para uma visão unilateral.

O romance constitui justamente a forma literária que representa essa reorientação perspectívica, individualista[14] e inovadora, própria da cultura burguesa[15], e ao se comparar a sua temática à contemplada pela literatura de períodos anteriores se constatará que estas refletiam aspirações de determinadas culturas direcionando-se sempre ao retrato do coletivo, ainda que em certos períodos da história os temas tenham sido restringidos para atender determinados grupos sociais[16].

Voltada para a experiência individual, ou seja, adotando como parâmetro para a criação literária, os casos pontuais, na forma do romance, passam a ser trabalhados, detalhadamente, o tempo, o espaço e as personagens, como nunca havia sido antes[17]. Essa acuidade formal constituirá o maior diferencial do romance, pois tornará possível a composição de um universo ficcional consistente, capaz de dar acabamento

---

[13] De acordo com WATT (1990, p.14-15) esse pensamento que aparece no *Discurso sobre o método* (1637) "contribuiu muito para a concepção moderna da busca da verdade como uma questão inteiramente individual".

[14] Que promove, nas palavras de Lukács (2000, p.82) "a peregrinação do indivíduo problemático rumo a si mesmo".

[15] De acordo com Sevcenko (2003b, p.15) há uma homologia entre o desenvolvimento da cultura burguesa e a gênese da forma romanesca nas potências capitalistas.

[16] Quando a épica, por exemplo, ressurge na Idade Média para além dos motivos religiosos entre a idade heroica e o começo da idade da cavalaria, esta se presta a enaltecer o prestígio de linhagens de cavaleiros, usando como matéria-prima de criação artística as próprias crônicas monásticas existentes na época. Esse caso isolado comprova que as formas literárias anteriores ao nascimento do romance refletiam a tendência geral de suas culturas a conformarem-se à prática tradicional da verossimilhança, fazendo com que estas, se baseassem, necessariamente, na História ou na fábula (HAUSER, 1996, p.163-8).

[17] Embora em Homero, por exemplo, o detalhamento já manifestasse passagens descritivas, estas eram raras e apareciam quase que destacadas da narrativa, ao passo que nos romancistas ingleses do século XVIII, como Richardson, Fielding e Defoe esse procedimento constituía um princípio de seu realismo formal (CARLYLE, 1899 apud WATT, 1990, p.32).

18

verossímil à ficção romanesca, fato que, pelo menos até o século XIX serviu para fundamentar a ideia de que este gênero literário pertenceria a uma categoria inferior.

Ainda que fosse grande o consumo de romances, nos séculos XVII e XVIII, estes eram caracterizados como divertimento fácil porque não possuíam a legitimidade conferida pela tradição clássica - que tinha normas definidas por uma poética. Diante deste fato, é possível que as formas alegóricas que se multiplicaram nos primeiros séculos após o surgimento do romance fossem atenuantes para o preconceito contra a ficção, à medida que, interpretadas adequadamente suas fantasias, emergia-se a realidade.

O esforço dos romancistas para empregar a alegoria, como forma de legitimar suas obras, revelava a herança ainda não abortada de um procedimento artístico que imperava tanto na Idade Média quanto no início da Renascença[18].

A ficção da qual se valia a narrativa romanesca não era, porém, nenhuma novidade. No início da Idade Média, quando o paganismo clássico foi aos poucos deixando de parecer uma ameaça ao cristianismo, o próprio clero acabou manifestando interesse pela literatura antiga reverenciando-a por sua qualidade estética[19]. Portanto, a tolerância em relação ao universo ficcional criado pela obra, apenas se direcionava à epopeia e à tragédia, pois quando se tratava dos gêneros ditos consagrados, havia uma espécie de

---

[18] A alegoria havia sido amplamente empregada nas artes desses períodos tanto na pintura quanto na escultura. A abelha, por exemplo, era usada como sinônimo de trabalho duro; o basilisco e o dragão representavam o diabo e os ossos denotavam crueldade. No século VIII, a utilização da alegoria havia sido apoiada pelo papa Adriano I, que justificou seu emprego argumentando que a mente humana pode ser estimulada espiritualmente pela contemplação de uma imagem e que os conceitos invisíveis eram revelados melhor "pelos meios do visível" (MANN, 2006, p.18).

[19] Queiroz (1999, p.12) assinala que a manutenção da chamada tradição cultural clássica, usada como suporte do cristianismo, representava um entrave à possibilidade de formas originais de pensamento. [...] O pensar antigo está tão inculcado nos grande construtores do cristianismo, que os séculos seguintes, dominados pelo saber eclesiástico, se viram afogados por uma sapiência deslocada, mas impossível de ser descartada. Tal era sua força intrínseca.

acordo implícito mediante o qual a ficção, embora inferior à verdade, era aceita como fonte de elevação e prazer do espírito.

É provável que esse preconceito existisse porque enquanto os outros gêneros apresentavam traços distintivos específicos – a própria versificação contribuía nesse sentido –, o romance por apresentar-se em prosa e agregado do detalhamento de tempo, espaço e personagens, se parecia muito com o relato verídico, podia parecer uma modalidade "espúria de História, e deste modo, não deixava suficientemente clara a sua natureza de produto da imaginação" (CANDIDO, 2006, p.117).

No século XIX, a intrínseca correspondência entre a obra literária e a realidade com a qual esta se relaciona, havia sido uma das preocupações dos realistas franceses que, procuraram sistematicamente definir os objetos e os métodos do romance colocando em pauta essa capacidade de verossimilhança que nesse gênero apresenta-se mais aguda do que em outros – era uma tentativa de compreender as características que impingiam à prosa de ficção a veracidade que há muito incomodava a crítica[20].

Entretanto, apenas no início do século XX, Georg Lukács apresentará em *A Teoria do Romance* (2000)[21] uma explicação, ainda que histórico-filosófica, acerca da capacidade que a forma romanesca detém de plasmar a realidade, se fixando, por isso, como um gênero privilegiado na construção do memorial histórico-social, que de certo modo, remeterá à temporalidade que o produziu.

No entendimento de Lukács, a forma é o elemento constituinte de maior relevância para a literatura. Apesar de os conteúdos tratados no texto literário estarem fadados à perenidade pela ação do tempo, a essência da

---

[20] Spingarn (1963) afirma que o tema central da crítica no Renascimento havia sido a justificativa da literatura de imaginação e os teóricos do período analisavam as obras buscando conciliar o ponto de vista estético de Aristóteles (verdade ideal, purgação das paixões) com o ponto de vista pragmático de Horácio (disfarce estratégico da verdade).
[21] Originalmente publicada em 1916 na **Zeitschrif für Ästhetik und Allgemeine Kunstwissenschaft** [Revista de estética e de história geral da arte] de Max Dessoir e em forma de livro pela editora P. Cassier, Berlim em 1920.

obra é resguardada na forma. Essa característica é possível porque, segundo a sua teoria, a forma do romance e os elementos constitutivos do mundo guardam entre si uma relação de reciprocidade[22]:

> A arte – em relação à vida – é sempre um "apesar de tudo", a criação das formas é a mais profunda confirmação que se pode pensar da existência da dissonância. Mas em todas as outras formas, inclusive na epopéia, [...] essa afirmação é algo anterior à figuração, enquanto no romance ela é a própria forma. Eis porque nele a relação entre ética e estética no processo formador é diversa do que nas outras espécies literárias. Nestas, a ética é um pressuposto puramente formal que, por sua profundidade, torna possível um avanço até a essência formalmente condicionada, por sua extensão possibilita a totalidade igualmente condicionada pela forma e que, por sua amplitude, realiza o equilíbrio entre os elementos constitutivos – de que a justiça é só uma expressão na linguagem da pura ética. No romance a intenção, a ética, é visível na configuração de cada detalhe e constitutivo, portanto, em seu conteúdo mais concreto, um elemento estrutural eficaz da própria composição literária (LUKÁCS, 2000, p.72).

O romance, na concepção lukácsiana aparece numa condição singular. Em primeiro lugar, porque a sua não pré-normatização no que se refere à forma deu-lhe a elasticidade para plasmar a realidade. Por um lado, enquanto outros gêneros (o drama, a lírica ou a épica) tinham suas formas prescritas pela poética clássica, tendo que, necessariamente, adequar seus conteúdos a essa normatização, a forma romanesca goza do privilégio da mutabilidade, "aparece como algo em devir, como um processo" (LUKÁCS, 2000, p.72). Por outro, porque essa flexibilidade permite ao autor estabelecer uma relação direta entre ética e estética, ou seja, esta forma literária permite-lhe conjugar suas próprias aspirações à forma do romance compondo um todo unívoco[23].

---

[22] Analogamente, Fehér (1977 apud MACEDO, 2000, p.185, grifo nosso) afirma que "obra é impregnada, do início ao fim, pelo momento em que veio à luz, pelas experiências, carências e limites que resultam desses momentos, e tudo isso, não é 'refugo' que se possa descartar a *posteriori*, mas *constitutivos da forma*", ou seja, os elementos externos agem diretamente na construção da obra e após a finalização seguem impregnados em sua estrutura (FEHÉR, F. AM Scheideweg dês romantischen Antikapitalismus: Typologie und Beitrag zur deutschen Ideologiegeschichte gelegentlich des Briefwechsels zwischen Paul Ernst und Georg Lukács [Na encruzilhada do anticapitalismo romântico: tipologia e contribuição à história da ideologia alemã a partir da correspondência entre Paul Ernst e Georg Lukács. In: HELLER, Agnes (Org.). **Die Seele und das Leben:** studien zum frühen Lukács. Frankfurt/ M.: Suhrkamp, 1977).

[23] Nesse sentido, é relevante considerar o pensamento de Bakhtin (2003, p.8-9) acerca da relação entre autor e personagem romanesca: "É claro que às vezes o autor põe suas idéias diretamente

A compreensão adequada da forma romanesca como mediadora da realidade, deve ainda contemplar, necessariamente, o fato de que a realidade é entendida como algo fragmentado e de sentido não imediato[24] – devido à perda da visão universal a favor da visão perspectívica – e, por isso, todos os elementos constituintes do gênero, inclusive seus personagens, apresentar-se-ão como sintoma dessa realidade fragmentada.

Quando se pensa na passividade apresentada por um herói no romance, por exemplo, se deve observar que por não estar condicionado como nos gêneros clássicos a esse comportamento, certamente esta característica "revela uma qualidade psicológica e sociológica própria e define um determinado tipo de possibilidades estruturais no romance" (LUKÁCS, 2000, p.92).

Comparado aos personagens que compunham os gêneros da tradição clássica, verifica-se que enquanto o herói da epopeia inevitavelmente alcançaria o seu objetivo, pois contava com a ajuda dos deuses – basta se lembrar de Ulisses e sua protetora Palas Atena na *Odisseia,* ou o herói da tragédia que percorria apenas um caminho que estava previamente traçado, como Édipo e Antígona –, o herói romanesco encontra-se sozinho[25] diante de um mundo no qual a essencialidade é impossível de ser alcançada e a mutabilidade das coisas tornou-se a regra.

---

nos lábios da personagem tendo em vista significação teórica ou ética (política, social) dessas idéias, visando convencer quanto à sua veracidade ou a propagá-las, mas aí já não estamos diante de um princípio esteticamente produtivo do tratamento da personagem; nesse caso, porém, afora a vontade e a consciência do autor, costuma haver uma reformulação do pensamento para que corresponda ao conjunto da personagem, não à unidade teórica da sua visão de mundo, mas ao conjunto de sua personalidade, no qual, ao lado da imagem física externa, das maneiras, das circunstâncias vitais da visão de mundo totalmente determinadas, existe apenas um elemento, ou seja, em vez da fundamentação e da persuasão ocorre o que denominamos encarnação do sentido do ser".

[24] Logo, somente a forma, construindo o universo fechado da obra, pode transmitir um todo acabado: "[...] de um lado, o princípio formal resgata os fatos da realidade e os ergue à consciência ao lhes incorporar a respiração, ao reproduzir-lhes a cadência na forma da estrutura literária; de outro, a realidade resgatada agradece o desafogo propiciado pela forma e, redimida, areja-se com o sentido tornado presente. A forma sem realidade é vazia, a realidade sem forma é cega; uma e outra lucram com a simbiose" (MACEDO, 2000, p.189).

[25] "O romance, diz Lukács (2000, p. 89), "é a epopéia do mundo abandonado por deus".

22

A partir desta visão, quanto à forma do romance, é possível afirmar que todos os seus elementos constitutivos estabelecem relação direta com o meio que circundou a produção da obra, ainda que esta ao ser finalizada componha um universo próprio e autônomo. Deve-se ressaltar também que a modelagem desses elementos, ou seja, a maneira com a qual eles emergirão nesse universo autônomo, necessariamente, é produto de uma opção ética do autor, já que de acordo com Lukács (2000), a forma romanesca é a única na qual o entendimento da "dissonância presente na existência" constitui-se em si, enquanto nos outros gêneros isso se dá anteriormente à figuração.

1.2 MACHADO DE ASSIS E O REALISMO DAS MEMÓRIAS PÓSTUMAS DE BRÁS CUBAS

Considerado pela crítica como o divisor de águas da obra de Machado de Assis, as *Memórias Póstumas de Brás Cubas*, nas palavras de Bosi (1974, p.197), pareceu "cavar um fosso entre dois mundos", empreendendo uma "revolução ideológica e formal" em seus romances.

O conceito de obra revolucionária que divide, que "cava um fosso" no conjunto literário de um autor deve, entretanto, ser admitido com cautela, pois o distanciamento histórico traz a impressão de que se abandonou em dado momento da vida, toda uma experiência literária anterior à favor de novas concepções formais e temáticas.

Mesmo que o próprio autor em prefácio para a segunda edição do romance *Helena*, em 1905[26], tivesse se mostrado ciente de que havia uma cisão em sua produção literária, isso não significa, em absoluto, que muito

---

[26] "Não me culpeis pelo que lhe achardes romanesco. Dos que então fiz, este me era particularmente prezado. Agora mesmo, que há tanto me fui a outras e diferentes páginas, ouço um eco remoto ao reler estas, eco de mocidade e fé ingênua. É claro que, em nenhum caso, lhes tiraria a feição passada; cada obra pertence ao seu tempo" (ASSIS, 1905 apud PIZA, 2008, p.170).

daquilo que se havia trabalhado anteriormente deixara de permanecer em sua obra sob outras formas ou houvesse tomado outro direcionamento.

Se é verdade que o homem maduro que começou escrever as *Memórias Póstumas* em um hotel de Nova Friburgo, onde fora buscar a recuperação para sua saúde, pouco se parece com o jovem cronista sonhador que anos antes louvara o poder civilizatório do jornal e a função do homem de letras, enxergando nesta criação da imprensa a "libertação da humanidade do jugo da ignorância, a base de toda a tirania" (CAVALLINI, 2005, p. 29)[27] – uma convicção que deixou registrada nesta crônica:

> O jornal é a verdadeira forma da república do pensamento. É a locomotiva intelectual em viagem para mundos desconhecidos, é a literatura comum, universal, altamente democrática, reproduzida todos os dias, levando em si a frescura das ideias e o fogo das convicções [...] O jornal, literatura quotidiana, no dito de um publicista contemporâneo, é a reprodução diária do espírito de um povo, o espelho comum de todos os fatos e de todos os talentos, onde se reflete, não a ideia de, um homem, mas a ideia popular, esta fração da ideia humana. [...] O jornal, abalando o globo, fazendo uma revolução na ordem social, tem ainda a vantagem de dar uma posição ao homem de letras; porque ele diz ao talento: Trabalha! Vive pela ideia e cumpres a lei da criação! (ASSIS, [1859] 2009a)[28].

Igualmente, pode-se afirmar que as experiências e os interesses que se firmavam neste último – o cronista jovem –, continuaram a viver redirecionados no outro – o da fase madura –, e essa lição nos ensinaria o próprio Machado, anos mais tarde, ao afirmar, por meio do defunto Brás Cubas, que "o menino é o pai do homem" (MP, p. 62).

Na figura do escritor, afirma Sevcenko (2003a, p.299), está sempre o ponto de intersecção mais sensível entre a história, a literatura e a sociedade. Logo, um estudo que abranja esses três aspectos deve considerar como relevante a situação particular do escritor no meio social e

---

[27] De acordo com Cavallini (2005, p.29), as crônicas de Machado destinadas à glorificação da imprensa dividiam o progresso alcançado por essa invenção em duas etapas: o aparecimento do livro, que preenchera apenas em parte as condições necessárias ao desenvolvimento do pensamento humano, e o surgimento do jornal.
[28] Publicado originalmente no "Correio Mercantil", Rio de Janeiro, 10 e 12 de janeiro de 1859. In: ASSIS, Machado. **Obra completa**. Rio de Janeiro: Nova Aguilar, V.III, 1994.

as características que se lhe incorporam no exercício do seu papel em cada período da história.

Desse modo, torna-se necessário ressaltar que a atuação de Machado de Assis[29] na juventude, como cronista liberal engajado, proporcionou-lhe a intimidade com o cotidiano do Rio de Janeiro do século XIX e um entendimento da política nacional, características que mais tarde contribuiriam, inevitavelmente, para a precisão com a qual seus contos e romances retrataram a sociedade, transformando sua obra em um verdadeiro memorial.

Figura 2: Machado de Assis aos 25 anos: jornalista, tradutor, poeta e dramaturgo.
Fonte: Piza (2008, p.113 – a figura faz parte do acervo da Academia Brasileira de Letras).

Na crônica publicada em *O espelho*, em outubro de 1859, ao refletir sobre a própria condição do folhetinista no Brasil, o escritor, de certa forma, assinalaria as ferramentas com as quais construiria, a partir de 1879 com as *Memórias Póstumas*, sua literatura realista:

> O folhetinista, na sociedade, ocupa o lugar de colibri na esfera vegetal; salta, esvoaça, brinca, tremula, paira e espaneja-se sobre todos os caules suculentos, sobre todas as seivas vigorosas. Todo mundo lhe pertence; até mesmo a política. [...]

---

[29] Ainda que não seja objetivo central deste trabalho analisar o romance *Memórias Póstumas de Brás Cubas* a partir da biografia do autor.

25

Alguns [folhetinistas] vão até Paris estudar a parte fisiológica dos colegas de lá; é inútil dizer que degeneram no físico como no moral.
Força é dizê-lo: a cor nacional, em raríssimas exceções, tem tomado o folhetinista entre nós. Escrever folhetim e ficar brasileiro é na verdade difícil.
Entretanto, como todas as dificuldades se aplanam, ele podia bem tomar mais cor local, mais feição americana. Faria assim menos mal à independência do espírito nacional, tão preso a essas imitações, a esses arremedos, a esse suicídio de originalidade e iniciativa (ASSIS, [1859] 2009a).

A primeira ferramenta indica a destreza por meio da qual sua obra transitaria pelos mais diversos temas – ressaltem-se as diferentes abordagens que as obras machadianas possibilitam[30] –, em seguida, pontua a necessidade de considerar a "cor local", ou seja, falar sobre o Brasil[31], e o mais importante, não deixando que a forma – herdada do modelo europeu – com a qual tudo isso se realizaria não constituísse uma regra que sufocasse a "originalidade" e a "iniciativa" do escritor.

Talvez esta última tenha-lhe sido a mais cara, e por isso, quando ele próprio abandona as convenções românticas e assume uma forma que se volta para a realidade, mas não, necessariamente, com a sistematização do Realismo quebrando a unidade de tempo, por exemplo, Machado não tenha conseguido grande repercussão[32].

Na imprensa da época, os primeiros capítulos das *Memórias Póstumas de Brás Cubas* receberam poucas considerações por parte da crítica, a mais relevante delas, a de Raul Pompéia, parece ter sido a única que de fato havia captado o redirecionamento do autor na sua maneira peculiar de tecer

---

[30] Neste sentido, é exemplar a consciência de Roberto Schwarz (1990, p.17) ao analisar as *Memórias Póstumas de Brás Cubas*: A persistência na afronta, sem a qual as Memórias ficariam privadas de seu ritmo próprio, funciona como um requisito técnico. Para cumpri-lo, o narrador a todo o momento invade a cena e "perturba" o curso do romance. Essas intromissões, que alguma regra sempre infringem, são o recurso machadiano mais saliente e famoso. A crítica as tratou como traço psicológico do autor, deficiência narrativa, superioridade de espírito, empréstimo inglês, metalinguagem, **nada disso estando errado** (grifo nosso).

[31] Característica que a historiografia da literatura brasileira geralmente atribui aos românticos como José de Alencar ou Gonçalves Dias, como se falar do Brasil fosse, necessariamente, abordar temas indianistas e de identidade nacional.

[32] Seus romances anteriores estavam em plena sintonia com as convenções de forma e estilo desejados pela sociedade da época, para a qual as "instituições deveriam ser enaltecidas e a moral preservada" (GOMES, 2008, p.9).

26

críticas e analisar a sociedade brasileira que, diga-se de passagem, há muito estava presente nas crônicas que escrevia.

Declarou o futuro autor de *O ateneu* (D'ÁVILA[33], 1980 apud PIZA, 2008, p. 211):

> É ligeiro alegre, espirituoso, é mesmo mais alguma coisa: leiam com atenção, com calma; há críticas finas e frases tão bem subscritas que, mesmo pelo nosso correio, hão de chegar ao seu destinatário.

Pompéia, ainda jovem, alimentava como o autor das *Memórias Póstumas*, na juventude, a ideia de que "pelo nosso correio", isto é, pela literatura, ou pelo jornal, – lembrando-se que a obra fora publicada, primeiramente em folhetim – seria possível operar mudanças sociais.

Machado, contudo, já não tinha mais essas esperanças, a "fé ingênua" que, no prefácio de *Helena*, declarara ter abandonado. O prólogo desdenhoso que Brás Cubas escreve ao leitor[34] das suas *Memórias* reflete bem esse ceticismo:

> Que Sthendal confessasse haver escrito um de seus livros para cem leitores, cousa é que admira e consterna. O que não admira, nem provavelmente consternará, é se este outro livro não tiver os cem leitores de Sthendal, nem cinquenta, nem vinte, e quando muito dez. Dez? Talvez cinco. Trata-se, na verdade, de uma obra difusa, na qual eu, Brás Cubas, se adotei a forma livre de um Sterne, o de um Xavier de Maistre, não sei se lhes meti algumas rabugens de pessimismo [...] Acresce que a gente grave achará no livro umas aparências de puro romance, ao passo que a gente frívola não achará nele o seu romance usual; ei-lo aí fica privado da estima dos graves e do amor dos frívolos, que são as duas colunas máximas da opinião (MP, p.39).

O autor sabia que "a forma livre" adotada seria incompreendida pelo público já que não se filiava nem ao Romantismo tradicional, muito menos aos dogmas realistas. Estava ciente também de que iria ferroar, em sua maioria, justamente, aqueles que na época tinham instrução o suficiente para

---

[33] De Raul Pompéia, publicado sob o pseudônimo de Raul D'Ávila, na **Revista Ilustrada**, em 03 de abril de 1880.

[34] De acordo com Zilberman (2008, p.62), ao transformar o texto das *Memórias Póstumas* em livro, Machado de Assis, fez alguns acréscimos, como o prólogo "Ao leitor", que é assinado por Brás Cubas e também suspensões como a dos capítulos XVI ("Commoção") e LXI ("Cinco mil réis"), ausentes na edição patrocinada pela Tipografia Nacional.

ler, ou seja, os que faziam parte das classes mais abastadas da corte imperial. E por fim, de que a literatura que seria naquele momento, o instrumento de divulgação dos ideais de qualquer grupo intelectual que se preocupasse com os problemas brasileiros, não tinha poder de alcance devido ao grande número de analfabetos do país. Assim, se comparada com a Europa, no Brasil, tanto a circulação do jornal, quando a dos livros era ínfima.

Também, nas décadas finais do século XIX, o novo ritmo da vida cotidiana havia eliminado ou reduzido drasticamente o tempo livre necessário para a contemplação literária. "A diminuição do tempo, a concorrência do jornal diário, do livro didático, da revista mundana e dos manuais científicos, de par com as novas formas tecnológicas de lazer, o cinema, o gramofone e a fotografia, estreitaram ao extremo o papel da literatura" (SEVCENKO, 2003a, p.123).

Aliadas a essas questões estavam suas desilusões políticas, pois se vivia no Império a disparidade do cultivo das convicções liberais do pós-independência e a luta pela manutenção do privilégio de uma classe para qual interessava a continuidade de uma sociedade escravocrata – um choque que produzia verdadeiros anacronismos[35].

Para se dimensionar a contradição, basta verificar, por exemplo, que a abolição acontece quando o escravo deixa de ser a opção mais vantajosa para os senhores[36] ou como bem assinalou Sérgio Buarque de Holanda (1995, p.74-75), a Lei Eusébio de Queirós, que extinguia definitivamente o tráfico negreiro, não havia provindo de questões humanistas, mas do surgimento de uma nova política financeira no país.

---

[35] A própria a letra do Hino à República, escrita em 1890, marcaria na história brasileira, esse tipo de distorção: "Nós nem cremos que escravos outrora/ Tenha havido em tão nobre país!", porém como acentuou Schwarz (2009, p.74), "outrora é dois anos antes, uma vez que a Abolição é de 1888".

[36] "Sendo uma propriedade, um escravo pode ser vendido, mas não despedido". O trabalhador livre nesse ponto dá mais liberdade ao patrão, além de imobilizar menos capital (SCHWARZ, 2009, p.62).

Por ter acompanhado todo um processo histórico, e estando em 1881 – ano que publica as *Memórias Póstumas* em livro – às portas da República, Machado de Assis não apenas havia feito uma avaliação do período retratado na trajetória de Brás Cubas (1805-1869), como também já conseguia vislumbrar que rumo tomaria o Brasil do final do século XIX.

O fato de, em sua obra, ter voltado exaustivamente a um determinado período da história que considerava como desencadeador dos processos abolicionista e republicano revela que o escritor tinha consciência do momento histórico-social em que estava vivendo.

Em inúmeros textos[37], Machado registrou que considerava os anos de agitação política e social que culminaram na promulgação da lei de 28 de setembro de 1871, como sendo decisivos para o país, e muito do que escreveu nas décadas seguintes teve a preocupação de interpretar os acontecimentos desse período, assim como avaliar suas consequências (CHALHOUB, 2003, p.45).

É possível afirmar que, ao presenciar a crise da classe senhorial escravista entre 1866 e 1871, o escritor já não tivesse mais ilusões quanto a sua hegemonia e acreditava na dissolução das estruturas tradicionais de poder. Isto porque, aliados a Lei do Ventre Livre em 1871 – primeiro momento em que ficou evidente que a escravidão brasileira realmente um dia chegaria ao fim –, outros eventos tornaram a crise mais complexa:

---

[37] Para Chalhoub (2003, 20), *Helena*, o último romance da fase romântica da obra de Machado de Assis seria uma das obras que avalia este período. O enredo de *Helena* conta a história de uma jovem pobre que acaba sendo contemplada num testamento para receber uma herança a qual não teria direito. O autor do testamento, o conselheiro Vale – amante de sua mãe – resolve que após a morte protegerá Helena, ainda que esta seja filha de outro homem. O drama do romance se dá, pois para cumprir a vontade do falecido, a família terá que, primeiramente, admitir perante a sociedade que houve um caso de adultério, e depois porque terá de conviver com uma estranha dentro da casa – uma das condições impostas pelo testamento. Apesar de todos os inconvenientes, Estácio, filho do conselheiro, acata imediatamente a decisão do pai morto e a impõe perante os outros membros da família. O fato de a vontade testamental do conselheiro Vale ser rigorosamente seguida por todos, principalmente por seu filho Estácio expressaria que, naquele contexto, a vontade senhorial carregaria tamanha inércia que continuaria a governar os vivos, ainda que postumamente. Nesse romance, portanto, Machado estaria não apenas identificando o processo de desagregação do poder senhorial que aconteceria décadas mais tarde, mas também como, de certa forma, este continuaria permeando o contexto brasileiro após o advento da abolição e da República.

[...] o fim difícil da Guerra do Paraguai, e um evento que pode parecer mais superficial: a mudança de governo em 18 de junho de 1868, depois do chamado de "golpe de estado", em que o Imperador, por razões que tinham a ver com a condução da guerra pelo Duque de Caxias, impôs um gabinete conservador a uma Câmara liberal, expondo assim o teatro, a farsa, do sistema político imperial, a realidade do poder autocrático, levando à fundação do Partido Republicano, em 1870 (GLEDSON, 2003, p.307).

Apesar de Machado de Assis haver discorrido sobre temas que abordassem essas questões em romances anteriores, será a partir de *Memórias Póstumas de Brás Cubas* – e por isso o conceito de divisor de águas – que o romance machadiano assumirá novas e decisivas formas de representação da realidade brasileira sem, no entanto, submeter-se aos modelos realistas pré-estabelecidos.

Neste sentido, a crítica que dirige a Eça de Queirós, quando da publicação de *O primo Basílio* (1878), registraria com presteza seus conceitos acerca da literatura e do Realismo:

Não se conhecia no nosso idioma aquela reprodução fotográfica e servil das coisas mínimas e ignóbeis [refere-se ao estilo realista]. Pela primeira vez, aparecia um livro em que o escuso e o – digamos o próprio termo, pois tratamos de repelir a doutrina, não o talento, e menos o homem, – em que o escuso e o torpe eram tratados com um carinho minucioso e relacionados com uma exação de inventário. A gente de gosto leu com prazer alguns quadros, excelentemente acabados, em que o Sr. Eça de Queirós esquecia por minutos as preocupações da escola; e, ainda nos quadros que lhe destoavam, achou mais de um rasgo feliz, mais de uma expressão verdadeira a maioria, porém, atirou-se ao inventário. Pois que havia de fazer a maioria, senão admirar a fidelidade de um autor, que não esquece nada, e não oculta nada? **Porque a nova poética é isto, e só chegará à perfeição no dia em que nos disser o número exato dos fios de que se compõe um lenço de cambraia ou um esfregão de cozinha.** Quanto à ação em si, e os episódios que a esmaltam, foram um dos atrativos do *Crime do Padre Amaro*, e o maior deles; tinham o mérito do pomo defeso. E tudo isso, saindo das mãos de um homem de talento, produziu o sucesso da obra. [...]
Resta-me concluir, e concluir aconselhando aos jovens talentos de ambas as terras da nossa língua, que não se deixem seduzir por uma doutrina caduca, embora no verdor dos anos. Este messianismo literário não tem a força da universalidade nem da vitalidade; traz consigo a decrepitude. Influi, decerto, em bom sentido e até certo ponto, não para substituir as doutrinas aceitas, mas para corrigir o excesso de sua explicação. Nada mais. **Voltemos os olhos para a realidade, mas excluamos o Realismo,**

assim não sacrificaremos a verdade estética (ASSIS, [1878] 2009b, grifo nosso)[38].

Condenando a ideia do realismo inventário – o que claramente satiriza em: "Porque a nova poética é isto, e só chegará à perfeição no dia em que nos disser o número exato dos fios de que se compõe um lenço de cambraia ou um esfregão de cozinha", - Machado de Assis, praticou um realismo que se por um lado aderia às convenções da estética dominante, por outro comprometia todas elas ao mesmo tempo[39] – o argumento ficcional que coloca na voz de um defunto autor o retrato da sociedade brasileira no Rio de Janeiro do século XIX caracteriza, entre outros aspectos, plenamente os desvios de sua prática realista.

Além da divergência quanto ao estilo, a percepção que Eça de Queirós e os realistas europeus tinham da arte literária diferia daquela partilhada por Machado de Assis naquele momento. Em Portugal, diante do atraso da nação, a geração de Eça, comungando das teorias científicas da época, propagadas por Comte, Taine e Proudhon, que davam base ao Realismo, defenderia o caráter social da literatura e do seu valor como agente de transformações, acima de tudo quando a sua atuação se dava sobre uma sociedade obsoleta como a portuguesa e a brasileira (SANTOS, 2003). Assim, grande parte da produção literária realista se apresentaria como uma denúncia dos aspectos – como, por exemplo, falta de industrialização e clericalismo –, que na ótica dos intelectuais da geração de Eça, eram responsáveis pelo atraso da sociedade em que viviam.

Em contrapartida, o realismo da obra de Machado de Assis, aliado à suas próprias declarações no intento de zelar pela Academia Brasileira de

---

[38] Críticas dirigidas às obras de Eça de Queirós, em texto publicado em 16 de abril de 1878, na Revista O Cruzeiro. In: ASSIS, Machado. **Obra completa**. Rio de Janeiro: Nova Aguilar, V.III, 1994.
[39] A esse realismo que em muito se diferenciava das formas tradicionais vindas dos países capitalistas da Europa do século XIX Jonh Gledson (2003) nomeou de "enganoso".

31

Letras, durante muito tempo alimentariam a ideia de um autor desinteressado pelas questões de sua época[40]:

> Nascida entre graves cuidados de ordem pública, a Academia Brasileira de Letras tem que ser o que são as instituições análogas: uma torre de marfim, onde se acolhem espíritos literários, com a única preocupação literária, e de onde estendendo os olhos para todos os lados, vejam claro e quieto. **Homens daqui podem escrever páginas de história, mas a história faz-se lá fora.** (CAMPOS[41], 1935 apud SEVCENKO, 2003a, p.261, grifo nosso).

O seu interesse em não sacrificar a "verdade estética", como afirmara na crítica dirigida ao romance de Eça de Queirós, entretanto, não o havia impedido de se voltar para a história retratando questões políticas e sociais – apenas não o havia feito da maneira explícita, nem engajada à moda naturalista de Zola[42] – pois, consideradas as características da obra machadiana e interpretadas à luz do contexto histórico-social do século XIX, as *Memórias Póstumas de Brás Cubas*, como se verá adiante, revelam a construção de um memorial preciso.

1.2.1 A forma romanesca das Memórias Póstumas e a construção do memorial histórico-social

Embora as *Memórias Póstumas* concentrem suas ações em um período de "hegemonia praticamente inconteste do paternalismo, da política de dominação assentada na imagem da inviolabilidade da vontade senhorial"

---

[40] Augusto Meyer, por exemplo, cita as críticas que José do Patrocínio lança a Machado de Assis acusando-o de completa alienação no que se refere à abolição da escravatura (PEREIRA, 1999, p.34-45).
[41] CAMPOS, Humberto de. **Antologia da Academia brasileira de Letras, trinta anos de discursos acadêmicos: 1897-1927.** Rio de Janeiro: José Olympio, 1935.
[42] Machado de Assis tinha uma maneira muito peculiar e aguda de trabalhar o contexto histórico-social em suas obras. A título de comparação, verifique-se a feição satírica – o Humanitismo de Quincas Borba – que as teorias científicas da época, base do realismo praticado por Eça de Queirós, Zola e outros, assume nas *Memórias Póstumas de Brás Cubas*.

(CHALHOUB, 2003, p.73), o distanciamento histórico[43] permitiu que Machado de Assis não apenas transpusesse para o plano ficcional as peculiaridades dos anos ao longo dos quais se desenvolve a trajetória de Brás Cubas, como também já se munisse de um olhar crítico acerca do rumo que tomaria a sociedade brasileira no que se refere à continuidade do quadro que até então se apresentava, isto é, em relação principalmente à manutenção do poder patriarcal.

Munido do painel histórico-social da corte imperial até 1869, bem como de sua avaliação sobre este, Machado dará acabamento ao narrador-protagonista Brás Cubas, um personagem que, assim como a visão do escritor, conjuga as informações do passado com as reflexões do presente: de um lado encontra-se o Brás que viveu todo período de hegemonia e estabilidade da classe senhorial e de outro se situa o defunto, aquele que distanciado temporalmente ressalta os sinais da desagregação desse poder à medida que reflete criticamente sobre sua vida.

Analista social perspicaz, Machado de Assis, dá voz a Brás Cubas – "eu escrevo as minhas memórias e não as tuas, leitor pacato" (MP, p.198) –, representante daqueles que por constituírem as classes mais abastadas da corte imperial, usufruíam plenamente das vantagens de uma sociedade escravocrata e que, portanto, seriam os mais interessados na manutenção deste sistema, ou quando muito, adeririam a uma transformação social de fachada que continuasse legando-lhes privilégios e poder[44]. Por isso, vivo ou morto o protagonista não modifica o centro irradiador de sua postura diante dos outros, ou seja, coloca-se como de membro da classe senhorial, consequentemente, suas ações durante a vida, bem como suas reflexões no

---

[43] Ainda que de apenas uma década, ao se levar em consideração que Brás Cubas morre em 1869 e o livro começa a ser publicado em folhetim em 1880.

[44] Como assinalou Holanda (1995, p.73), o poder político dos fazendeiros escravocratas, no Brasil era tão incontestado "que muitos representantes da classe dos antigos senhores puderam, com freqüência, dar-se ao luxo de inclinações antitradicionalistas". Contudo, o que se verificaria é que ao assumir o poder tais representantes agora bacharéis, mas provindos desta classe, acabavam por empreender a manutenção de determinados privilégios.

pós-morte serão todas condicionadas pelos preceitos ideológicos da sua posição social – Brás Cubas, como afirmou o próprio escritor, é um "defunto que se pintou a si mesmo e aos outros, conforme lhe pareceu melhor e mais certo" (ASSIS, 2008b, p. 36)[45].

Compondo a classe senhorial, vivendo em um período de sua plena supremacia, e de posse da voz narrativa, pressupor-se-ia que Brás discorresse apenas sobre as vantagens de sua condição, porém, ironicamente, o que se verifica é um narrador-protagonista que escreve sob a marca do pessimismo[46].

Brás Cubas é inserido em uma trajetória de fracassos na qual suas aspirações particulares, "o amor da glória" (MP, p.44), e seu destino chocam-se e dão lugar para objetivos não realizados, fato que o torna um indivíduo problemático[47] – para o personagem não bastava ser da classe dominante, era preciso ser o primeiro dentre os primeiros.

Na configuração formal das *Memórias Póstumas,* essa incompatibilidade entre a subjetividade do personagem e o meio externo será um fator decisivo, pois de acordo com Lukács (2000, p.60), "a intenção fundamental determinante da forma do romance, objetiva-se como psicologia dos heróis romanescos", que sempre estão buscando algo.

---

[45] Machado de Assis, no Prólogo da quarta edição de *Memórias Póstumas de Brás Cubas.*
[46] "O que faz do meu Brás Cubas um autor particular é o que ele chama 'rabugens de pessimismo'. Há na alma deste livro, por mais risonho que pareça, um sentimento amargo e áspero, que está longe de vir dos seus modelos. É taça que pode ter lavores de igual escola, mas leva outro vinho" (ASSIS, 2008b, p.36).
[47] "Na forma biográfica, o único indivíduo configurado, tem um peso específico que seria demasiado alto para a onipotência da vida e demasiado baixo para a do sistema; um grau de isolamento que seria demasiado grande para aquela e vazio de sentido para esta; uma relação com o ideal de que ele é portador e executor demasiado acentuada para a primeira e insuficientemente subordinada para a segunda. Na forma biográfica, a aspiração sentimental e inalcançável tanto pela unidade imediata da vida quanto pela arquitetônica que tudo interna do sistema é equilibrada e posta em repouso – é transformada em ser. Pois o personagem central da biografia é significativo apenas em relação com um mundo de ideais que lhe é superior, mas este, por sua vez, só é realizado através da vida corporificada nesse indivíduo e mediante a eficácia dessa experiência. Assim, na forma biográfica, o equilíbrio entre ambas as esferas da vida, realizada e irrealizáveis em seu isolamento, faz surgir uma vida nova e autônoma, dotada – embora paradoxalmente – de sentido imanente e perfeita em si mesma: **a vida do indivíduo problemático**" (LUKÁCS, 2000, p.78-79, grifo nosso).

Desse modo, a busca de Brás Cubas pela afirmação de sua superioridade será um dos condicionantes da forma literária – moldando o gênero romanesco com a estrutura do relato memorial –, já que seu desejo de grandeza só poderá ser concretizado por meio da rememoração do passado, ainda que neste habite todo o seu histórico de frustrações:

> **Creiam-me, o menos mau é recordar**; ninguém se fie da felicidade presente; há nela uma gota da baba de Caim. Corrido o tempo e cessado o espasmo, então sim, então talvez se pode gozar deveras, porque entre uma e outra dessas duas ilusões, melhor é a que se gosta sem doer (MP, p.49, grifo nosso).

Frente ao constante devir da vida, sempre perpassada por "uma gota da baba de Caim", isto é, pela imanência do fracasso, da morte, "de tudo que é fragmentário, triste e sem sentido" (LUKÁCS, 2000, p.133), apenas na recordação será possível assegurar algo, um fiapo de felicidade, um pouco de gozo.

> Na recordação essa luta perpétua [contra a vida desagregada] transforma-se num caminho interessante e incompreensível, mas que está preso com laços indissolúveis ao instante vivo e presente. E esse instante é tão rico da duração que flui e reflui, e de cujo estancamento ele oferece um momento de contemplação consciente, que essa riqueza comunica-se também ao passado e ao perdido, e chega mesmo a adornar com valor da vivência o que então passou despercebido. **Em curioso e melancólico paradoxo, o fracasso é portanto o momento de valor**; o pensamento e a vivência daquilo que a vida recusou é a fonte da qual parece jorrar a plenitude da vida. Configura-se a absoluta ausência de toda a satisfação de sentido, mas a configuração alça-se à realização rica e integrada de uma verdadeira totalidade de vida (LUKÁCS, 2000, p.133, grifo nosso).

Assim, a escrita das memórias[48] se estabelecerá como a oportunidade de fazer uma revisão de sua trajetória, "adornando com valor da vivência o que então passou despercebido", refletindo criticamente sobre pessoas e

---

[48] Acredita-se que seja pertinente registrar, qual será neste trabalho a concepção do termo "memórias". De acordo com Lima (2006, p. 353) as "memórias" diferenciam-se da "autobiografia" "pelo realce da face pública da experiência de vida de alguém, seja o próprio autor, seja um terceiro; realce que, ao se tratar da própria vida daquele que narra, frequentemente contém momentos de sua face interna, isto é, de como ele via a si próprio".

circunstâncias e buscando arrancar das experiências de fracasso, mesmo que melancolicamente, sua superioridade para evidenciá-la[49].

Desta sua busca perspectívica – que está bem fixada na ideologia da classe senhorial[50] – e individual – em que tudo que se reconhece tanto dos personagens, das ações, quanto do protagonista é oferecido por ele próprio –, é que emergirá o painel histórico-social, pois num movimento simultâneo, à medida que Brás Cubas, a partir de sua ótica, trouxer à tona sua vida por meio do relato memorial, trará anexo todo o contexto a sua volta:

> Não nego que ao avistar a cidade natal, tive uma sensação nova. Não era o efeito da minha pátria política, era-o o lugar da infância, a rua, a torre, o chafariz da esquina, a mulher de matilha, o preto do ganho, as coisas e cenas da meninice, buriladas na memória (MP, p.92).

É interessante verificar que compõe o projeto literário de Machado fazer com que Brás Cubas esteja na contramão da história – "a história uma eterna loureira" (MP, p.46). Quando sua classe está assentada no poder – período que compreende sua vida terrena – o personagem é que se configura como um indivíduo desagregado, ao passo que quando a classe senhorial inicia seu processo de desagregação, Brás Cubas, agora como defunto autor, busca incessantemente por meio de seu relato memorial

---

[49] A presunção de quem busca colocar-se num patamar superior é marca evidente de Brás Cubas que já no início de sua narrativa memorial compara sua obra com o Pentateuco: "Algum tempo hesitei se devia abrir estas Memórias pelo princípio ou pelo fim, isto é, se poria em primeiro lugar o meu nascimento ou a minha morte. Suposto o uso vulgar seja começar pelo nascimento, duas considerações me levaram a adotar diferente método: a primeira é que eu não sou propriamente um autor defunto, mas um defunto autor, para quem a campa foi outro berço; a segunda é que o escrito ficaria assim mais galante e mais novo. Moisés, que também contou sua morte, não a pôs no intróito, mas no cabo; diferença radical entre este livro e o Pentateuco" (MP p.41).

[50] Dar a voz narrativa para Brás Cubas é a maneira mais adequada de construir o memorial dessa ideologia de classe. De acordo com Schwarz (1990, p.78), "a estrutura é a mesma de *Dom Casmurro*: a denúncia de um protótipo e pró-homem das classes dominantes é empreendida na forma perversa da auto-exposição 'involuntária', ou seja, da primeira pessoa do singular usada com intenção distanciada e inimiga (comumente reservada à terceira). A chave deste procedimento está na insuficiência calculada dos pontos de vista do narrador em relação aos materiais que ele mesmo apresenta. O efeito é tanto mais insidioso quanto Machado utiliza com maestria absoluta os recursos ideológicos e literários os mais prezados de sua vítima, o que por outro lado faz que entre crítica feroz e apologia a semelhança confunda".

restabelecer-se no poder – na medida em que manipula o discurso segundo lhe convém.

O deslocamento de Brás nada mais é que expressão por meio da forma romanesca da contradição ideológica que se vivia no país – que oscilava entre as convicções liberais, a modernidade e o desejo de inserir a nação nos padrões europeus de civilização e a permanência do provincianismo, do privilégio elitista da continuidade do tráfico[51] – como também o são o próprio discurso narrativo e os próprios fatos que compõe o enredo.

Seu estilo, afirma Brás Cubas, é comparável "ao andar dos ébrios" (MP, p.163) e seu livro, explica, é "de uma filosofia desigual, agora austera, logo brincalhona, coisa que não edifica nem destrói, não inflama nem regela, e é todavia mais do que passatempo e menos que apostolado" (MP, p.47), ou seja, assim como a situação nacional que oscila entre uma coisa e outra sem contudo firmar-se em nada[52].

---

[51] "Os valores associados ao liberalismo: valorização do trabalho, poupança, apego às formas representativas de governo, supremacia da lei e respeito pelas Cortes de justiça, valorização do indivíduo e da sua autonomia, a crença na universalidade dos direitos dos homens e do cidadão, todos esses dogmas típicos do credo liberal tinham dificuldade em se afirmar numa sociedade escravista que desprezava o trabalho manual, cultivava o ócio e a ostentação, favorecia os laços de família, afirmava a dependência, promovia o indivíduo em razão de seus laços de parentesco e amizade em vez de seus méritos e talentos como rezava a Constituição, instituía o arbítrio, fazia da exceção a regra e negava os direitos do homem e do cidadão à maioria da população. As elites brasileiras não podiam ignorar que o liberalismo nada tinha a ver com a realidade vivida por milhões de brasileiros" (COSTA, 2007, p.168).

[52] De maneira análoga a Montaigne nos seus *Essais*, Machado parece ter composto a forma de seu romance imitando a situação contraditória e vacilante do objeto analisado, no caso Brás Cubas e o contexto histórico-social que serve de plano de fundo para sua trajetória. De acordo com Auerbach (2007, p.255), "[Para Montaigne] Quem quiser descrever com exatidão e objetivamente um objeto que se modifica constantemente deve acompanhar exata e objetivamente as mudanças do mesmo; deve descrever o objeto a partir do maior número possível de experiências, da forma como ele foi visto em cada caso, e pode desta forma ter a esperança de poder determinar o âmbito das possíveis modificações, obtendo assim, finalmente a imagem do conjunto". De fato, é possível identificar no texto das *Memórias Póstumas* a influência do filósofo. Em determinado ponto da narrativa, Brás Cubas afirma: "não me ocorre nada que seja assaz fixo neste mundo" (MP, p.46). A continuidade desta afirmação credencia a relação estabelecida. Compare: a) "Não me ocorre nada que seja assaz fixo nesse mundo: talvez a lua, talvez as pirâmides do Egito, talvez a finada dieta germânica" (MP, p.46); b) "O mundo é senão uma perene vacilação. Todas as coisas vacilam nele sem cessar: a terra, os rochedos do Cáucaso, as pirâmides do Egito, tanto a vacilação geral quando pela sua própria vacilação. A mesma constância não é outra coisa senão uma vacilação mais lenta". (MONTAIGNE, 1930 apud AUERBACH, 2007, p.250). Vale frisar que a comparação neste trabalho, visa assinalar a

Igualmente vacilantes são os fatos que compõem o enredo, ora desconstruindo a autoimagem que o protagonista busca consolidar, ora fixando que nada no universo das *Memórias Póstumas* parece obedecer a uma ideia estabelecida – a não ser a sua aspiração à superioridade, a "ideia fixa" representada pelo emplasto.

Quando Brás embarca no navio com intenção de se suicidar devido ao fim do relacionamento com Marcela, logo desiste de seu propósito quando se depara com a morte de Leocádia, a esposa tísica do capitão – "Eu que meditava ir ter com a morte, não ousei fitá-la quando ela veio ter comigo" (MP, p.85); ao encontrar uma moeda na rua entrega-a ao chefe de polícia, mas esconde o embrulho com cinco mil réis que acha na praia – "ri-me dos meus cuidados maternais a respeito dos cinco contos – eu que era abastado" (MP, p.135); Virgília se aborrece porque Viegas, seu tio, morre e não deixa nada para seu filho – "Nada. Nenhuma lembrança testamentária, uma pastilha que fosse" (MP, p.188) – e logo em seguida, Quincas Borba enriquece devido à herança recebida de um parente que morrera; Lobo Neves tem sua ocupação na cadeira de presidente de província condicionada pela ordem dos algarismos com os quais é datado o decreto de nomeação, o primeiro publicado no dia 13 o impede de assumir o cargo, o segundo que vem com o número 31 o coloca no posto almejado – "esta simples transposição de algarismos eliminou deles a substância diabólica. Que profunda são as molas da vida!" (MP, p.211); e assim por diante.

Como afirmou um determinado crítico[53], no romance de Machado de Assis praticamente não há frase que não tenha uma segunda intenção. Sua prosa, extremamente detalhada, faz com que a leitura seja amarrada ao pormenor. Considerando esta peculiaridade, entende-se que a opção pela estrutura memorial, a composição do protagonista Brás Cubas, cada fato

---

capacidade da literatura de fixar o contexto em sua estrutura e não identificar influências filosóficas na obra de Machado de Assis.
[53] Trata-se de Roberto Schwarz (1990, p.18).

narrado, bem como a maneira com a qual é narrado, transparece o prisma sob o qual Machado de Assis analisou o contexto em que estava inserido.

Deparando-se com a História, diz Barthes (1993, p.118), o escritor, coagido pela realidade, terá que necessariamente fazer opções que se espelharão na constituição de sua obra, pois "ela obriga a significar a Literatura segundo possíveis que ele não domina". Nas *Memórias Póstumas*, as escolhas de Machado de Assis encontram-se impregnadas na estrutura do romance memorial do qual emergem de forma estratificada, sob a chancela do defunto autor Brás Cubas, os fatos, os comportamentos e as questões que compunham o cotidiano da corte no século XIX.

2. DEFUNTO LEITOR: VIRTUALIDADE E ATUALIZAÇÃO NAS *MEMÓRIAS PÓSTUMAS DE BRÁS CUBAS*

"Desde suas origens mesopotâmicas, o texto é um objeto virtual, abstrato, independente de um suporte específico" (LÉVY, 1996, p.35). No caso do texto literário essa natureza virtual remete o leitor à instância daquilo que é o não realizável e que se encontra na categoria do ficcional. Ainda que, como tenha observado Lukács (2000, p.72), "no romance a intenção ética", seja "visível na configuração de cada detalhe" e constitua, "portanto, em seu conteúdo mais concreto, um elemento estrutural eficaz da própria composição literária", no momento em que a obra encontra-se acabada, o vínculo com o exterior, com o material e o realizável – que, aliás, dá-se exclusivamente ao longo do processo de criação – é rompido, e o que permanece são apenas pistas, marcas que remontam a um determinado tempo histórico quando são devidamente interpretadas ou *atualizadas*[54] com a finalidade de resgatá-lo.

O texto compreendido como entidade virtual:

> [...] atualiza-se em múltiplas versões, traduções, edições, exemplares e cópias. Ao interpretar, ao dar sentido ao texto aqui e agora, o leitor leva adiante essa casta de atualizações. [...] Face à configuração de estímulos, de coerções e de tensões que o texto propõe, a leitura resolve de maneira inventiva e sempre singular o problema do sentido. A inteligência do leitor levanta por cima das páginas vazias uma paisagem semântica móvel e acidentada (LÉVY, 1996, p.35).

Analogamente, as *Memórias Póstumas de Brás Cubas,* sendo um texto literário, ao propor sua "configuração de estímulos, de coerções e de tensões" (LÉVY, 1996, p.35) ao leitor, possibilita que este, a partir de sua leitura, atribua-lhe diferentes sentidos. Entretanto, o que revitaliza a estrutura deste romance é o fato de que a dialética virtualidade/atualização supera a

---

[54] "O virtual não se opõe ao real, mas sim ao atual. [...] O real assemelha-se ao possível; em troca, o atual em nada se assemelha ao virtual: responde-lhe" (LÉVY, 1996, p.16-17).

concepção ordinária do texto como objeto virtual que, ao ser lido, é atualizado por aquele que realiza a leitura, e constitui-se como esquema interno da narrativa.

A transposição do par dialético virtualidade/atualização para o esquema interno da narrativa é possível devido ao próprio argumento do romance que se alicerça na estrutura de memórias: há um Brás Cubas defunto autor que escreve-narra a sua história de vida e há um Brás Cubas personagem que protagonizou esta história de vida e que por isso encontra-se distanciado do primeiro espacial e temporalmente.

Recorrendo-se ao conceito de virtualidade preconizado por Lévy (1996), verifica-se que este deve ser compreendido a partir do latim medieval *virtualis*[55], termo derivado de *virtus* que significa força, potência. Neste sentido, é possível afirmar que a memória[56] é, assim como o texto, um objeto virtual e, portanto, o universo no qual está inserido Brás Cubas personagem-protagonista, encontra-se virtualizado, não apenas para o leitor das *Memórias Póstumas*, mas internamente para o próprio defunto autor.

Assim, Brás Cubas ao mesmo tempo em que se encontra virtualizado em suas memórias protagonizando-as, e as escreve – acelerando assim seu processo de virtualização[57] – também as interpreta ou as atualiza. Essa atualização ocorre, pois na medida em que Brás se colocando *in off* como um defunto autor, torna-se leitor de sua própria trajetória e, por consequência, do momento histórico em que esta se passa, ele acaba atribuindo a ambos sentidos que podem emergir a partir da ideologia de classe, ou ainda da sua visão de mundo condicionada filosoficamente.

Ao sintetizar as possibilidades nas quais se fixam a dialética virtualidade/atualização no romance *Memórias Póstumas,* constata-se a

---

[55] Termo do qual proveio a palavra "virtual".
[56] Michel Serres (1994 apud LÉVY, 1996, p.20), ilustra o tema do virtual como "não presença" e afirma que a imaginação, a memória, o conhecimento, a religião são vetores de virtualização que nos fizeram abandonar a presença muito antes da informatização e das redes digitais.
[57] Segundo Pierre Lévy (1996) o aparecimento da escrita acelerou um processo de artificialização, de exteriorização e de virtualização da memória que certamente começou com a hominização.

existência de dois planos. No primeiro, classificado por este trabalho como **concepção ordinária** – ou seja, que ocorre comumente no texto –, se identifica a literatura como objeto virtual e o movimento de atualização realizado pelo leitor. No segundo plano, que contempla o **esquema interno da obra**, verifica-se que o objeto virtual passa a ser Brás personagem-protagonista inserido no universo da memória e que o interpretante ou agente atualizador torna-se não mais o leitor, e sim o próprio memorialista Brás Cubas.

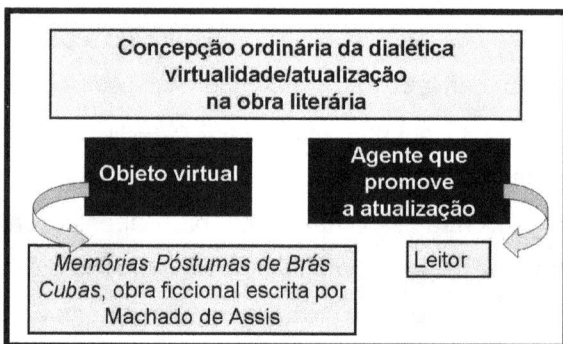

Figura 3: Primeiro plano no qual se fixa a dialética virtualidade/atualização no romance *Memórias Póstuma de Brás Cubas.*

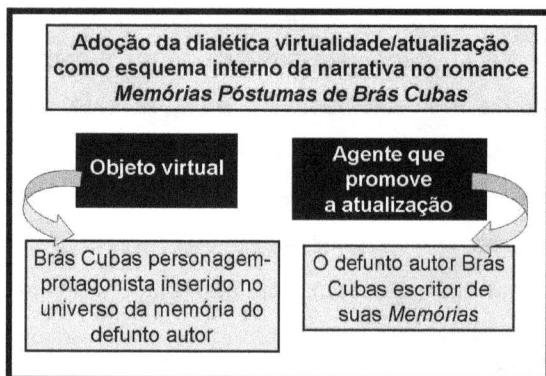

Figura 4: Segundo plano no qual se fixa a dialética virtualidade/atualização no romance *Memórias Póstuma de Brás Cubas.*

É importante lembrar que o movimento de atualização promovido pelo leitor do qual fala Lévy é infinito, pois está condicionado a tantos quantos forem os leitores que se debruçarem sobre este romance machadiano, já que, como afirmou o filósofo: "a leitura resolve de maneira inventiva e sempre singular o problema do sentido" (LÉVY, 1996, p.35), ao passo que, a atualização do defunto autor Brás Cubas é finita, pois mesmo que esteja fazendo uma leitura de sua trajetória de vida, esta leitura é unívoca e finda com o término da própria narrativa das *Memórias*[58].

Essa finitude fixada num determinado tempo histórico delimita as margens da interpretação possível que será efetuada pelo *agente atualizador* Brás Cubas, assim o caráter memorial das *Memórias Póstumas* pode ser resgatado não apenas por meio da virtualidade, ou seja, das lembranças que são registradas pelo defunto autor, como também pela análise da maneira com a qual estas são narradas.

Detendo-se no segundo plano no qual se fixa a dialética virtualidade/atualização, este capítulo discorrerá sobre o agente atualizador, sua maneira de atualizar e os propósitos de sua atualização, para que no capítulo seguinte se possa compreender porque os elementos pertencentes à virtualidade, ou seja, sua trajetória de vida e o contexto histórico-social no qual ela se insere, assumem determinada feição ao longo do relato memorial.

---

[58] Teles, ao citar Oleza (1976 apud TELES, 1996, p.47), afirma que a obra literária possui duas dimensões estruturais: "uma *estática* (ou a-histórica), que é a sua realização como sistema de signos, a obra tal como a conhecemos, fechada na finitude de seu discurso; e uma *dinâmica* (ou histórica), 'no sentido de que, produzida num tempo histórico determinado, tem a capacidade de seguir produzindo significados fora desse tempo'". Desta forma, sua dimensão *dinâmica* justificaria o movimento infinito de atualização por meio da leitura, ao passo que a *estática* certifica a finitude da atualização que é possível ser realizada por Brás Cubas defunto autor.

2.1 O AGENTE ATUALIZADOR: MOTIVAÇÃO DAS MEMÓRIAS E VERACIDADE NARRATIVA

Visando apreender as motivações narrativas de Brás Cubas, agente atualizador das memórias, é preciso saber que a história de vida do Brás virtualizado é marcada pela busca incessante do reconhecimento social, pois este fato delimitará o alcance do olhar que o atualizador tem sobre suas ações e a dos outros. Seu pai havia lhe aconselhado que a melhor maneira de valer era pela opinião dos outros homens (MP, p.103), por isso, o protagonista ao atingir a maioridade passa a desejar a admiração dos que estão à sua volta.

Sua ambição aflora ainda na juventude – "A ambição, dado que fosse águia, quebrou nessa ocasião o ovo, e desvendou a pupila fulva e penetrante" (MP, p.88) – durante a viagem rumo à Universidade de Coimbra quando o capitão do navio, satisfeito com os elogios recebidos em virtude de seus poemas, prediz ao protagonista um grande futuro.

Exclamando consigo mesmo as palavras do capitão: "Um grande futuro!", Brás aceita a ideia que, na sua concepção, vinha ao encontro com alguém de sua condição social. Cogita que possa vir a ser "talvez naturalista, literato, arqueólogo, banqueiro, político ou até bispo – bispo que fosse –, uma vez que fosse um cargo, uma preeminência, uma grande reputação, uma posição superior" (MP, p.88).

Por isso, independentemente do meio e sem propósito além da admiração alheia, o intento de Brás era alcançar o sucesso, para estabelecer-se numa posição superior frente aos seus pares[59], pois sendo de

---

[59] No relato memorial, esta necessidade de mostrar-se superior aparece nos mais diferentes contextos – desde os mais relevantes até os mais corriqueiros – sempre que Brás Cubas defronta-se com alguém que na sua concepção ameaça o seu brilho por apresentar uma boa qualidade ou merecimento devido alguma ação. Há um capítulo em que o defunto expõe que seu comportamento de desdém em relação à produção literária de Luís Dutra, primo de Virgília, tinha como propósito exclusivo desacreditá-lo de sua capacidade de escrever o que faz com que

uma família que, no século XIX, vivia do tráfico negreiro e do aluguel de imóveis, o protagonista já fazia parte das classes mais favorecidas da corte brasileira.

Sua mediocridade, porém, não lhe permite esforçar-se nem em prol deste mesquinho objetivo e tudo que realiza em sua vida, a exemplo do bacharelado, é feito com descaso revelando que se era certo que almejava adquirir uma grande reputação, também estava evidente que não se dispunha a assumir nenhum compromisso com o que quer que fosse. Na verdade, Brás Cubas desejava prolongar a vida descompromissada da "universidade pela vida adiante" (MP, p.89).

Ambicioso, mas mal disposto – o que ele próprio reconhece ao tentar eleger-se ministro (capítulo CXXXVII) –, o protagonista tenta através de vários percursos o reconhecimento social, não obtendo êxito, particularmente, em nenhum deles – "não alcancei a celebridade do emplasto, não fui ministro, não fui califa, não conheci o casamento" (MP, p.263) – terminando sua trajetória com uma coleção de frustrações.

Perante esta trajetória, o renascimento de Brás como defunto autor – "eu não sou propriamente um autor defunto, mas um defunto autor, para quem a campa foi outro berço" (MP, p.41) – aparece como uma segunda chance para transformar sua história de vida, não pela vivência empírica, mas pela interpretação das ações e pessoas que para ele agora são virtuais, ou seja, existem apenas em sua memória.

O virtual, afirma Pierre Lévy (1996, p.16):

> é como um complexo problemático, o nó de tendências ou de forças que acompanha uma situação, um acontecimento, um objeto ou uma entidade qualquer, e que chama um processo de resolução: a atualização.

---

se deduza que o protagonista que, entre outras coisas, tentara ser também poeta, sente-se incomodado com a possibilidade do sucesso alheio: "Pobre Luís Dutra! Apenas publicava alguma coisa, corria à minha casa, e entrava a girar em volta de mim, à espreita de um juízo, de uma palavra, de um gesto, que lhe aprovasse a recente produção, e eu falava-lhe de mil coisas diferentes – do último baile do Catete, da discussão das câmaras, de berlindas e cavalos –, de tudo menos dos seus versos ou prosas. [...] Minha intenção era fazê-lo duvidar de si mesmo, desanimá-lo, eliminá-lo. E tudo isto a olhar para a ponta do nariz" (MP, p.129).

Assim, castigado pela recordação dos sucessivos fracassos – caso contrário seu livro não seria escrito "com a pena da galhofa e a tinta da melancolia" (MP, p.39) – o defunto autor resolverá esse "complexo problemático" chamado memória, atualizando sua trajetória de vida na escrita de uma narrativa póstuma que ele maneja segundo suas conveniências para que ela comprove a sua superioridade.

Imbuído deste propósito, seu primeiro ardil é a própria autocaracterização como defunto autor, o que Brás consegue fazendo considerações acerca do estilo com o qual irá escrever suas memórias – "o melhor prólogo é o que contém menos cousas, ou a que as diz de um jeito obscuro e truncado" (MP, p.39). A dedicatória aos vermes, o breve prólogo no qual revela suas influências literárias – Sthendal, Sterne, Xavier de Maistre – contribuem no início da obra também para fixar a identidade social de escritor. Além disso, ao longo de seu relato, o defunto autor para garantir essa identidade dissimula em alguns momentos uma espécie de autocrítica afirmando que pensa em suprimir determinado capítulo, ou determinada frase que lhe parece mal escrita – "Talvez suprima o capítulo anterior; entre outros motivos, há aí, nas últimas linhas, uma frase muito parecida com despropósito, e eu não quero dar pasto à critica do futuro" (MP, p.162). Em outros, com desfaçatez acusa o possível leitor de suas memórias de não ter compreensão o suficiente para atingir a complexidade de sua narrativa memorial – "o livro é enfadonho, cheira a sepulcro, traz certa contração cadavérica; vício grave, e aliás ínfimo, porque o maior defeito deste livro és tu leitor"[60] (MP, p.161-162).

---

[60] Na mesma linha de fixação de identidade autoral, chama atenção uma passagem na qual o defunto autor ao criticar a escola romântica,registra diretamente os pressupostos da estética literária defendidas pelo autor Machado de Assis, no momento da escrita das *Memórias Póstumas de Brás Cubas*: "Ao cabo, era um lindo garção, lindo e audaz, que entrava na vida de botas e esporas, chicote na mão e sangue nas veias, cavalgando um corcel nervoso, rijo, veloz como o corcel das antigas baladas, que o romantismo foi buscar ao castelo medieval, para dar com eles na rua do nosso século. O pior é que o estafaram a tal ponto, que foi preciso deitá-lo à

Para Brás, assumir a identidade de escritor é de certa forma deslocar sua imagem da condição de apenas membro da classe senhorial e revestir-se de uma ocupação que pudesse lhe trazer prestígio. A partir da escrita do seu livro póstumo de memórias é que o defunto autor, entre outras coisas, poderá expressar superioridade, apresentando toda sua erudição[61], pois não raramente personagens e fatos históricos, cientistas e filósofos permeiam sua narrativa e servem para estabelecer analogias daquilo que está sendo rememorado[62] – "Vê Cavour, foi a idéia fixa da unidade italiana que o matou. Verdade é que Bismarck não morreu; mas cumpre advertir que a natureza é uma grande caprichosa e a história uma eterna loureira" (MP, p.46) – ainda que seu raciocínio e reflexões, por vezes, apresentem-se medíocres ou incoerentes.

Faz parte também de seu estratagema convencer de que a atualização de sua trajetória de vida, isto é, a escrita das memórias, não tem nenhum objetivo específico, que não se quer com esta narração, por exemplo, justificar algum erro do passado ou certificar sua superioridade, e que o relato trata-se apenas de um passatempo para quem como ele está desocupado e preso na eternidade – "começo a arrepender-me deste livro. Não que ele me canse; eu não tenho que fazer; e, realmente, expedir alguns magros capítulos para esse mundo sempre é tarefa que distrai um pouco da eternidade" (MP, p.161).

---

margem, onde o realismo o veio achar, comido de lazeira e vermes, e, por compaixão, o transportou para os seus livros" (MP, p.73).

[61] Complemente-se aqui o fundamento deste raciocínio a partir das considerações de Holanda (1995, p.83). Segundo ele, no Brasil "o trabalho mental, que não suja as mãos e não fatiga o corpo, pode constituir, com efeito, ocupação em todos os sentidos digna de antigos senhores de escravos e seus herdeiros. Não significa forçosamente, neste caso, amor ao pensamento especulativo – a verdade é que, embora presumindo o contrário, dedicamos, de modo geral, pouca estima às especulações intelectuais – mas o amor à frase sonora, ao verbo espontâneo e abundante, à erudição ostentosa e rara. É que para bem corresponder ao papel que, mesmo sem o saber, lhe conferimos, inteligência há de ser ornamento e prenda, não instrumento de conhecimento e ação".

[62] [...] note-se [por exemplo] que as páginas iniciais trazem o nome de mais de trinta homens ilustres, personagens literárias, monumentos célebres, datas capitais. Estão mencionados tempos bíblicos, homéricos, romanos, Idade Média, Renascimento e Reforma, século clássico francês, Revolução Gloriosa e as unificação italiana e alemã (SCHWARZ, 1990, p. 31).

Seu último ardil, e possivelmente o mais relevante dentre os três é a constatação de que sua condição de defunto lhe confere por si mesma **autoridade, sapiência** – "Grande coisa é haver recebido do céu uma partícula da sabedoria"[63] (MP, p.230) – e **autenticidade acerca do que irá narrar** – "a franqueza é a primeira virtude de um defunto" (MP, p.95) – e, nesse sentido, seu direito de relatar suas memórias se assemelharia àquele certificado ao narrador do qual fala Walter Benjamin[64]:

> [...] não é só o saber ou a sabedoria do homem, mas acima de tudo sua vida vivida – a matéria de onde surgem as histórias – que assume forma transmissível primeiro daquele que morre. Da mesma maneira como no íntimo do homem entra em movimento, com o correr da vida, uma seqüência de imagens – que consiste nos pontos de vista da própria pessoa, entre os quais sem se aperceber ele encontra a si mesmo – aos seus gestos e olhares incorporados de repente o inesquecível e transmite, a tudo que lhe disse respeito, a autoridade de que até o mais miserável pé-de-chinelo dispõe diante dos vivos, na hora de morrer. Esta autoridade está na origem da narrativa. [...] A morte é a sanção de tudo que o narrador pode relatar. Ele derivou sua autoridade da morte (BENJAMIN, 1983, p.64).

No narrador oral de Benjamin, a morte ou à iminência da morte que confere ao indivíduo sabedoria e autoridade para narrar, sanciona, inclusive, tudo o que pode ser relatado. No que se refere ao defunto autor, a permissão para narrar também parece derivada da morte – ou ele esforça-se para que a morte lhe dê essa permissão –, mas no seu caso esta não lhe restringe o campo de narração, ao contrário, abre-lhe a possibilidade de atualização, o que necessariamente implicará, como se verá adiante, em um relato interpretativo e criativo dos fatos e não mais o relato dos fatos em si.

Desse modo, estando autorizado para relatar as memórias daquilo que viveu, mesmo que suas experiências não sejam as mais nobres, nem

---

[63] Ressalte-se que esta pressuposta sabedoria permitirá que o relato do defunto autor transite livremente entre a filosofia e a história formulando teorias despropositadas, ou que absolutamente lhe favoreçam, quanto à primeira – "o vício é muitas vezes o estrume da virtude" (MP, p.168) – e o desprezo ou a distorção dos fatos no caso da segunda – "viva pois a história, a volúvel história que dá para tudo" (MP, p.46).

[64] O narrador do qual fala Benjamin é aquele da tradição oral, contudo, acredita-se que a comparação seja válida, pois existe uma semelhança entre os argumentos que autorizam a narrativa nos dois casos.

aquelas que o caracterizem como homem de sucesso, Brás defunto, lança-se na narração com autoridade sobre os vivos e munido da vantagem de, estando em outro patamar, poder confessar sem rodeios e livre das convenções sociais seus reais sentimentos e motivações durante sua trajetória:

> Na vida, o olhar da opinião, o contraste dos interesses, a luta das cobiças obrigam a gente a calar os trapos velhos, a disfarçar os rasgões e os remendos, a não estender ao mundo as revelações que faz à consciência; e o melhor da obrigação é quando, à força de embaçar os outros, embaça-se um homem a si mesmo, porque em tal caso poupa-se o vexame, que é uma sensação penosa, e a hipocrisia, que é um vício hediondo. Mas, na morte, que diferença!, que desabafo!, que liberdade! Como a gente pode sacudir a capa, deitar ao fosso as lentejoulas, despregar, despintar-se, desafeitar-se, confessar lisamente o que foi e o que deixou de ser! Porque, em suma, já não há vizinhos, nem amigos, nem inimigos, nem conhecidos, nem estranhos, não há platéia. O olhar da opinião, esse olhar agudo e judicial, perde a virtude, logo que pisamos o território da morte; não digo que ele se não estenda para cá, e nos examine e julgue; mas a nós é que não se nos dá do exame nem do julgamento. Senhores vivos, não há nada tão incomensurável como o desdém dos finados (MP, p. 95).

Pelo menos em tese, será despojado de qualquer preocupação com o julgamento alheio que Brás relatará suas memórias expressando por meio destas a razão de ser de seus atos, que ora está vinculada com sua ideologia de classe que gravita entre os anseios da prática romântico-liberal, mas não consegue se desvencilhar das regalias trazidas pela escravidão e pelo clientelismo, ora parte de sua individualidade, ora está relacionada às duas coisas, e não raras vezes ao longo da narrativa, constata-se que o defunto expõe os fatos colocando de lado qualquer tipo de moralidade.

O caso do almocreve apresentado no capítulo (homônimo) XXI pode ser tomado em seu relato como uma ação exemplar. Isto porque todos os episódios rememorados que envolvem dinheiro têm uma grande força de denúncia contra o protagonista, pois, se por um lado Brás esbanja sua fortuna com as mulheres – "Marcela amou-me durante quinze meses e onze conto de réis" (MP, p.79) – e tudo mais que lhe proporcione bem-estar pessoal, por outro sua sovinice manifesta-se justamente em função dos mais pobres, ou seja, daqueles que de fato necessitariam do olhar compadecido do senhor rico[65].

Dentre outros, o caso do almocreve destaca-se por registrar até que ponto vai o egoísmo do protagonista – que não se sente grato nem pelo homem que lhe salvara a vida –, e até onde chega a desfaçatez do defunto autor que no capítulo seguinte induz a atualização no sentido de qualificar o episódio como um fato menor.

Após o término do bacharelado em Coimbra, desejando prolongar a vida boêmia que levara durante os anos de curso universitário, Brás resolve viajar pela Europa. Em determinado momento da viagem, o jumento no qual estava montado empaca no meio da estrada e Brás Cubas tentando fazer com que o animal prosseguisse, fustiga-o. Irritado, o jumento o lança fora da sela, mas seu pé esquerdo permanece preso no estribo e o protagonista vê-se, então, cara a cara com a morte. A ação não toma a proporção de tragédia porque um almocreve que passava por ali, justamente na hora, acalma o animal impedindo que o cavaleiro fosse arrastado pela estrada – "se o jumento corre por ali fora, contundia-me deveras, e não sei se a morte não estaria no fim do desastre; cabeça partida, uma congestão, qualquer transtorno cá dentro, e lá se me ia a ciência em flor" (MP, p.89).

Refletindo rapidamente sobre o ocorrido, Brás cogita que talvez o "bom almocreve!" tivesse lhe salvado a vida e por isso resolve lhe dar três moedas de ouro – "Não porque tal fosse o preço da minha vida – essa era inestimável; mas porque era uma recompensa digna da dedicação com que ele me salvou" (MP, p.89). Num segundo momento, porém, ao ouvir da boca do próprio almocreve que "com a ajuda do Senhor" não havia acontecido

---

[65] De acordo com Bosi (2006, p.20), em Brás Cubas "a mesquinharia ocorre na sua relação com o pobre ou o desconhecido, e o fato de o narrador pontuar incisivamente as obsessões sovinas que reconhece em si próprio dá o que pensar. O que temos? Um traço peculiar ao rentista desocupado? Parece que não precisamente. A avareza, enquanto potencia o egoísmo e leva a extremos o desassossego da auto-conservação, pode obcecar tanto os operosos como desocupados; em se tratando de ricos, como é o caso de Brás, ela torna-se particularmente ridícula, objeto de **autoanálise humorística** [...]" (grifo do autor).

nada, Brás inicia seu raciocínio mesquinho – muito comum em seu relato memorial, principalmente quando deseja justificar um mau ato – e começa a questionar-se se sua gratificação não seria excessiva.

Olhando para a roupa do almocreve, o protagonista chega à conclusão de que este sendo um "pobre-diabo" (MP, p.90), provavelmente nunca havia visto nenhuma moeda de ouro quanto mais três e por isso resolve recompensá-lo com apenas uma moeda. No entanto, ao virar-se de costa para retirar da algibeira a moeda, Brás escuta o monólogo do almocreve direcionado ao jumento – "dizia-lhe que tomasse juízo, que o 'senhor doutor' podia castigá-lo" (MP, p.90) – e transferindo para o homem os sentimentos egoísticos que lhe eram particulares – um procedimento recorrente do atualizador – deduziu que a conversa com o animal ocorria com intuito de motivá-lo a dar uma recompensa – "suspeitou-o talvez" (MP, p.90) – pela ajuda prestada.

Quando escuta o beijo que o almocreve estala no jumento – "Valha-me Deus!" (MP, p.90) –, não lhe restam dúvidas: aquele era um homem inferior. Brás, então, tira da algibeira um cruzado de prata, ao invés de uma moeda de ouro e o oferece ao homem em troca do favor recebido:

> Ri-me, hesitei, meti-lhe na mão um cruzado em prata, cavalguei o jumento, e segui a trote largo, um pouco vexado, melhor direi um pouco incerto do efeito da pratinha. Mas algumas braças de distância, olhei para trás, o almocreve fazia-me grandes cortesias, com evidentes mostras de contentamento. Adverti que devia ser assim mesmo; eu pagara-lhe bem, pagara-lhe talvez demais. Meti os dedos no bolso do colete que trazia no corpo e senti umas moedas de cobre; eram os vinténs que eu devera ter dado ao almocreve, em lugar do cruzado de prata. Porque, enfim, ele não levou em mira nenhuma recompensa ou virtude, cedeu a um impulso natural, ao temperamento, aos hábitos do ofício; acresce que a circunstância de estar, não mais adiante nem mais atrás, mas justamente no ponto do desastre, parecia constituí-lo simples instrumento de Providência; e de um ou de outro modo, o mérito era positivamente nenhum. Fiquei desconsolado com esta reflexão, chamei-me pródigo, lancei o cruzado à conta das minhas dissipações antigas; **tive (porque não direi tudo?), tive remorsos** (MP, p.91, grifo nosso).

Relatando explicitamente a mesquinharia do protagonista, Brás defunto quer que se acredite de fato que suas memórias são um longo confessionário[66], no qual "o distanciamento cético do narrador em relação a si próprio" (BOSI, 2006, p.45) induz o defunto autor a sempre dizer a verdade – "Não sendo meu costume dissimular ou esconder nada" (MP, p.211). Em consequência disso, a ideia de estar sendo autêntico ao confessar seus erros ou como diz o defunto "sacudindo a capa", "deitando ao fosso as lentejoulas", aparece com insistência no relato memorial – "Para dizer tudo, **devo confessar** que o coração me batia um pouco; mas era uma espécie de dobre de finados. O espírito ia travado de impressões opostas. Notem que aquele dia amanhecera alegre para mim" (MP, p.119, grifo nosso)[67].

Verificando sua exposição pressupõe-se que o excesso de despojamento e de autocrítica impediria que o defunto se mostrasse como ser superior e desta maneira fantasiasse a realidade e sua própria imagem[68]

---

[66] Buscando relacionar essa característica do relato memorial à própria nomeação daquele que lembra, no caso o "defunto" Brás Cubas, encontrou-se duas explicações etimológicas semelhantes. Em Cunha (1986, p.244) a palavra em questão assemelha-se ao significado corrente na contemporaneidade: **defunto** – adj. sm. 'que faleceu, extinto, cadáver'/ *defuncto* XIV/ Do latim *defunctus* 'que cumpriu a função (de viver)', p. de *defungi* 'desempenhar, cumprir, morrer, acabar' – O termo foi difundido pela Igreja como um eufemismo para morto// **defunção** sf. Falecimento, óbito/ *defuncção* 1899/ do latim tardio *defuncti-onis*. Em Machado (1952), porém, um complemento na informação parece singularmente relevante: **defunto** - adj. e s. do latim *defunctu* – pp do v. *defungor* "livrar-se de, executar, cumprir; livrar-se de dívida, pagar" sec. XVI. Inserida no contexto das *Memórias Póstumas*, a ideia de alguém que quer livrar-se de um fardo, pagar uma dívida faz todo o sentido e credita a leitura de que as memórias são em certa medida uma confissão do defunto autor. A execução do livro, a escrita do relato memorial seria a maneira encontrada para a expiação da culpa.

[67] Também são exemplos desta recorrência as passagens a seguir: "Vieram juntos, dois dias depois, e **confesso** que, ao vê-los ali, na minha alcova, fui tomado de um acanhamento que nem me permitiu corresponder logo às palavras afáveis do rapaz" (MP, p.50, grifo nosso); "Já agora não se me dá de **confessar** que sentia umas tais ou quais cócegas de curiosidade, por saber onde ficava a origem dos séculos, se era tão misteriosa como a origem do Nilo, e sobretudo se valia alguma coisa mais ou menos do que a consumação dos mesmos séculos, tudo isto reflexões de um cérebro enfermo" (MP, p.52, grifo nosso); "**Confesso** que tudo aquilo me pareceu obscuro, incongruente, insano" (MP, p.94, grifo nosso); "**Para lhes dizer a verdade toda**, eu refletia as opiniões de um cabeleireiro, que achei em Módena, o qual se distinguia por não as ter absolutamente" (MP, p.94, grifo nosso); "**Para dizer tudo, devo confessar** que o coração me batia um pouco; mas era uma espécie de dobre de finados. O espírito ia travado de impressões opostas. Notem que aquele dia amanhecera alegre para mim" (MP, p.119, grifo nosso); "E minha! disse eu comigo, logo que a passei a outro cavalheiro; e **confesso** que durante o resto da noite, foi-me a idéia entranhando no espírito, não à força de martelo, mas de verruma, que é mais insinuativa" (MP, p.132, grifo nosso).

[68] As deduções aqui realizadas partem da análise que Lima (2006, p.355) faz das *Memórias de um Cárcere*, de Graciliano Ramos. Mesmo que esta seja uma obra considerada híbrida – que mescla realidade e ficção –, o que não é o caso das *Memórias Póstumas de Brás Cubas*, acredita-se que a dedução seja pertinente, pois o despojamento de Graciliano no início das

- "Talvez espante ao leitor a franqueza com que lhe exponho e realço a minha mediocridade" (MP, p.95). Contudo, atualizando as passagens de sua vida, o defunto autor, trai a si mesmo e desconstrói toda a ideia de que seu relato é autêntico[69]:

> [...] a despeito da superioridade [que deseja demonstrar] de todos os momentos, o narrador faz figura sempre de inferior: algo nas suas vitórias não convence, e a série delas configura uma completa derrota (SCHWARZ, 1990, p.43).

No caso do almocreve, o poder favorável do despojamento moral e da confissão – "tive (porque não direi tudo?), tive remorsos" (MP, p.91) – é desconstruído sutilmente no início do capítulo seguinte, quando o defunto autor pragueja o jumento – "Jumento de uma figa, cortaste-me o fio às reflexões" (MP, p.91) – e consequentemente a lembrança de um episódio que além de inferiorizar o protagonista, havia cortado a narração do que mais importava, ou seja, sua viagem pelo território europeu.

Brás parece ser traído pelos fatos que vem à memória e pelo exercício da escrita – "Às vezes, esqueço-me a escrever, e a pena vai comendo papel" (MP, p.92). Porém, até nesse aspecto, é possível afirmar que age sua dissimulação, pois ao retornar à narrativa, justifica as parcas informações sobre a viagem dizendo que não diria coisa alguma em detalhes por que senão teria de escrever um diário de viagem e não umas memórias, nas quais "só entra a substância da vida" (MP, p.91), o que faz deduzir que na verdade não narraria nada além do que foi exposto – blefara, portanto.

Sob esse prisma, a repreensão ao "jumento" seria apenas um artifício para desviar a atenção do episódio, estratagema que, aliás, é amplamente

---

memórias e que causa a impressão de que seria impossível que ele estivesse fantasiando a realidade, aproxima-se muito do manejo que Brás Cubas faz da narrativa.

[69] É importante ressaltar que essa traição ou denúncia contra si próprio é percebida apenas pelo atualizador externo – o leitor –, ou seja, aquele que se situa no primeiro esquema do par virtualidade/atualização elaborado neste trabalho. Para Brás Cubas, defunto autor, a princípio não existe traição, pois sua moralidade já não existe mais, como ele próprio afirmou está livre do medo do julgamento alheio e das convenções sócias.

empregado pelo defunto autor que geralmente nega a narrativa anterior quando esta lhe parece comprometedora[70].

Analogamente ao caso do almocreve, as memórias prosseguirão num movimento de afirmação e negação, de autoacusação e de apresentação de álibis mesmo que estes sejam imorais ou disparatados. Os fatos relatados parecem obedecer ao que Brás Cubas nomeia como "lei da equivalência das janelas", isto é, um método para expurgar a culpa da consciência – "estabeleci que o modo de compensar uma janela fechada é abrir outra, a fim de que a moral possa arejar continuamente a consciência" (MP, p.134).

Obedecendo a essa lei, o defunto autor, toda vez que narra um fracasso na vida do protagonista ou evidencia seu egoísmo, logo a supera com uma boa ação que "areje a consciência", para retornar em seguida a narração de outro episódio depreciativo constituindo, desta forma, um círculo narrativo vicioso.

Quando Brás defunto relata, por exemplo, que após uma valsa na casa do próprio Lobo Neves, teve certeza de que Virgília havia se apaixonado por ele – "foi a valsa que nos perdeu" (MP, p.132) –, logo em seguida conta que naquela mesma noite caminhando para casa encontrara na rua uma moeda de ouro. Segue narrando que no dia seguinte pela manhã, havia escrito uma carta ao chefe de polícia, noticiando o fato no intuito de que este fizesse com que a moeda fosse restituída ao seu verdadeiro dono. Satisfeito com a boa ação, sente que o remorso por cobiçar uma mulher casada debaixo dos olhos de seu próprio marido é amenizado em decorrência do seu ato revestido de nobreza:

> Mandei a carta tranqüilo, posso até dizer que jubiloso. Minha consciência valsara tanto na véspera, que chegou a ficar sufocada, sem respiração; mas a restituição da meia dobra foi uma janela que se abriu para o outro lado da moral; entrou uma onda de ar puro, e a pobre dama respirou à

---

[70] O capítulo CXXXVI, intitulado "Inutilidade", exemplifica aqueles que se enquadram nesta categoria de negação. De sentido ambíguo, o capítulo é composto por uma única frase de conteúdo ambíguo: "Mas, ou muito me engano, ou acabo de escrever um capítulo inútil" (MP, p.238).

larga. Ventilai as consciências! Não vos digo mais nada. Todavia, despido de qualquer outras circunstâncias, o meu ato era bonito, porque exprimia um justo escrúpulo, num sentimento de alma delicada. Era o que me dizia a minha dama interior, com um modo austero e meigo a um tempo; é o que ela me dizia, reclinada do peitoril da janela aberta (MP, p.133).

No capítulo que segue, porém, o defunto desconstrói toda pseudobondade[71] de seu ato de devolução da moeda, quando ao encontrar na praia um embrulho com cinco contos de réis, não se ocupa em devolvê-lo, ao contrário, esconde-o com medo de que alguém descubra o seu achado, justificando seu egoísmo, assim como no caso do almocreve, com as mãos divinas da Providência – "[...] não era crime achar dinheiro, era uma felicidade, um bom acaso, era talvez um lance da Providência" (MP, p.135).

Oscilando, seu relato póstumo entre o virtuoso e o depreciativo[72] – "Não me ocorre nada que seja assaz fixo nesse mundo" (MP, p.46) –, isto é, reduzindo sempre a força do primeiro com a confissão-justificativa do segundo ou praticando uma boa ação para logo depois inserir o relato de um ato mesquinho, o defunto autor termina suas memórias fazendo um balanço das suas vitórias e dos seus fracassos e verifica que se não obteve o reconhecimento social também é verdade que, como membro da classe senhorial do século XIX, coube-lhe a boa fortuna de não comprar o pão com o suor do seu rosto. E continua:

> Somadas umas coisas e outras, qualquer pessoa imaginará que não houve míngua nem sobra, e, conseguintemente, que saí quite da vida. E imaginará mal; porque ao chegar a este outro lado do mistério, achei-me com um pequeno saldo, que é a derradeira negativa deste capítulo de negativas – Não tive filhos, não transmiti a nenhuma criatura o legado da nossa miséria (MP, p.263).

---

[71] Pois tornando sua atitude pública, Brás sente-se satisfeito com a aprovação de Virgília, porém, querendo glória só para si irrita-se quando os outros, aproveitando a ocasião relatam casos semelhantes – "Virgília pareceu saborear o meu procedimento, e cada um dos presentes acertou de contar uma anedota análoga, que eu ouvi com impaciência de mulher histérica" (MP, p.135).

[72] É importante ressaltar que, diferentemente do que foi abordado no capítulo I, a oscilação presente na narrativa discutida neste momento do trabalho visa configurar o caráter de Brás Cubas **construído pelo defunto autor, pois está sendo compreendida a partir do segundo plano da dialética** da virtualidade/atualização nas Memórias Póstumas.

Se é verdade que as "memórias são sempre, em certo grau, uma vingança contra a história" (GUSDORF, 1956 apud LIMA, 2006, p.351)[73], ao desdenhar da vida e da criatura humana[74], na última consideração de seu relato, e por isso sem possibilidade de retornar à depreciação, o atualizador vinga-se de sua trajetória e frustrações e triunfa, ao seu modo, no objetivo de alcançar a superioridade.

2.2 PERCURSOS DO RELATO MEMORIAL: O QUE AO DEFUNTO CONVÉM OU NÃO ATUALIZAR

Aceitos os pressupostos de que o defunto autor se coloca no direito de relatar suas memórias e que dissimula uma confissão-justificativa que acaba sendo sempre desmascarada por ele próprio, pois seu real intuito é comprovar sua superioridade, ver-se-á a seguir como esta intenção se relaciona com a seleção dos fatos que serão rememorados, a atenção dedicada a cada um deles, e com a ótica a partir da qual Brás Cubas atualiza as ações que envolvem os personagens das classes menos favorecidas.

Como foi exposto, a atualização da trajetória de vida de Brás Cubas implicará em um relato memorial interpretativo e criativo dos fatos e não mais

---

[73] GUSDORF, G. Conditions et limites de l'autobiografie (1956), traduzido e publicado IN: **Autobiography. Essays Theoretical and Critical**, J. Olney. (Ed.). Princeton University Press, Princeton: New Jersey, 1980.

[74] É importante assinalar que a consciência do defunto neste momento final da narrativa está permeada pela concepção acerca da vida humana que ele havia aprendido de Pandora no seu delírio de morte. A história para ele é cíclica, simplesmente o retorno aos mesmos acontecimentos desagradáveis derivados dos mais bárbaros sentimentos humanos: "Os séculos desfilavam num turbilhão, e não obstante, porque os olhos do delírio são outros, eu via tudo o que passava diante de mim – flagelos e delícias –, desde essa coisa que se chama glória até essa outra que se chama miséria, e via o amor multiplicando a miséria, e via, a miséria agravando a debilidade. Aí vinham a cobiça que devora, a cólera que inflama, a inveja que baba, e a enxada e a pena, úmidas de suor, e a ambição e a fome, a vaidade, a melancolia, a riqueza, o amor, e todos agitavam o homem, como um chocalho, até destruí-lo, como um farrapo [...] (MP, p.56).

o relato dos fatos em si[75], esta característica se dá porque toda atualização desencadeia "uma produção de qualidades novas, uma transformação das idéias, um verdadeiro devir que alimenta de volta o virtual" (LÉVY, 1996, p.16-17).

Entendidos sob este aspecto, pode-se afirmar que o objeto virtual e o agente atualizador estabelecem uma relação de interdependência, pois a atualização é possível somente a partir das condições e propriedades oferecidas pelo virtual, que alimentado por esta última, assume novas características que se encontrarão disponíveis para uma nova atualização. Como assinalado anteriormente, é certo que, no caso do Brás Cubas defunto autor, há a possibilidade de apenas uma única e finita atualização que consiste na escrita de seu livro de memórias, mas nem por esta razão a interdependência deixa de existir e continua fazendo com que – trocando as metáforas pela linguagem vulgar – a memória atue sobre o indivíduo que lembra e este devolva à primeira novas informações e interpretações que em síntese constituirão todo o conjunto de características que se conhece sobre Brás Cubas e consequentemente todo memorial que é construído por sua atualização.

Objetivando registrar em que medida se dá esta atuação, emprestem-se aqui as considerações dos efeitos da memória sobre aquele que lembra apresentadas por outro agente atualizador[76]:

> A memória sempre me fascinou. Pense no que ela é capaz de nos proporcionar. Podemos nos lembrar, por vontade própria, de nosso primeiro dia de aula na escola secundária, de nosso primeiro encontro, de

---

[75] Na verdade, como afirmou Maurice Halbwachs (CARVALHAL, 2006, p.2), não há memória que seja somente "imaginação pura e simples" ou representação histórica que o indivíduo tenha construído que lhe seja exterior, isto é, todo processo de construção da memória passa por um referencial que é o sujeito. Assim, as memórias ao serem tomadas como documento pelo historiador, por exemplo, sempre apresentarão na sua essência, uma subjetividade que se não devidamente assinalada pode representar um obstáculo à objetividade almejada por ele.

[76] Trata-se do cientista austríaco prêmio Nobel de Fisiologia e Medicina, Eric R. Kandel. Em suas memórias, Kandel relata sua trajetória de vida particular e acadêmica traçando o caminho interdisciplinar que percorreu até a descoberta das bases biológicas da memória.

nosso primeiro amor. Ao fazer isso, **não nos recordamos somente do evento em si, mas experimentamos também a atmosfera em que ele ocorreu** – os cenários, os sons, os cheiros, o ambiente social, o momento do dia, as conversas e o clima emocional (KANDEL, 2009, p.17, grifo nosso).

Quando lembramos "não recordamos somente o evento em si, mas experimentamos também a atmosfera em que ele ocorreu". Em outras palavras, a rememoração oferece ao indivíduo a possibilidade de reviver virtualmente fatos que estão distantes dele temporal e espacialmente. A princípio esta consideração sobre a memória encontra-se no terreno do óbvio, entretanto, ela parece assinalar a explicação para o caráter seletivo e discursivo de algumas passagens do relato memorial do defunto autor.

No capítulo CXXXVIII, intitulado "A um crítico", analogamente às considerações de Kandel, Brás defunto chama atenção acerca dos efeitos que os episódios rememorados exercem sobre ele:

> Meu caro crítico:
> Algumas páginas atrás, dizendo eu que tinha cinquenta anos, acrescentei: "Já se vai sentindo que o meu estilo não é tão lesto como nos primeiros dias". Talvez aches esta frase incompreensível, sabendo-se o meu atual estado; mas eu chamo a tua atenção para a sutileza daquele pensamento. O que eu quero dizer não é que esteja agora mais velho do que quando comecei o livro. A morte não envelhece. **Quero dizer, sim, que em cada frase da narração de minha vida experimento a sensação correspondente.** Valha-me Deus!, é preciso explicar tudo (MP, p.241, grifo nosso).

De fato, a experimentação das sensações decorrentes dos episódios e personagens virtualizados em que são registrados ao longo de seu discurso, por vezes, assume tal intensidade, que o atualizador entra numa espécie de transe. Quando isso ocorre, o relato memorial dá lugar a um relato do tempo presente no qual as ações parecem estar ocorrendo simultaneamente ao momento da narrativa – "**Agora quero morrer** tranquilamente, metodicamente, ouvindo os soluços das damas, as falas baixas dos homens, a chuva que tamborila nas folhas de tinhorão da chácara [...]" (MP, p.43, grifo nosso). Há também os momentos em que o episódio rememorado vem

58

marcado pelo reforço do **"Lembra-me, como se fosse ontem"** (MP, p.67, grifo nosso), como que creditando que o fato recordado encontra-se acessível à percepção sensorial e que é diminuta a distância entre o que se vive agora e o que ficou no passado.

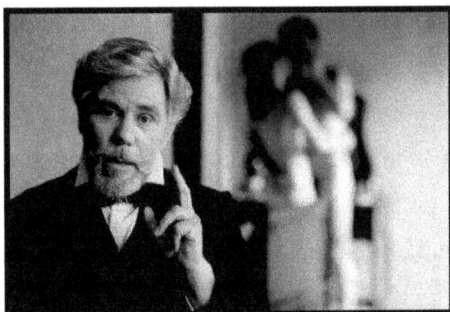

Figura 5: Cena do filme *Memórias Póstumas,* de André Klotzel (2001). Esta cena exemplifica o papel do agente atualizador e a ação da memória sobre ele. O defunto Brás Cubas aparece em primeiro plano, enquanto aquilo que está sendo rememorado – isto é, o objeto virtual – é exposto no plano de fundo e ocorre simultaneamente ao momento da narração.
Fonte: *Memórias Póstumas* (2001).

É certo que o repertório que se lembra com maior nitidez e que consequentemente atuará com maior força sobre o indivíduo, faz parte daquilo que por algum motivo foi dotado de relevância[77]. Contudo, no caso de Brás Cubas, deve-se levar em conta a possibilidade de que o registro ou não de certo episódio e de determinado personagem, ou ainda a maneira com a qual é executado esse registro, esteja não apenas vinculado a essa questão, mas também relacionada aos seus anseios de superioridade, pois

---

[77] A propósito disso, exemplifica Halbwachs (2006, p.35): "Em sociedades de qualquer natureza que os homens formem entre si, quantas vezes não acontece que um deles deixe de ter idéia exata do lugar que ocupa no pensamento dos outros – de quantos mal-entendidos e desilusões tal diversidade de pontos de vista não será a fonte? Na ordem das relações afetivas, em que a imaginação desempenha um papel desse tipo, um ser humano que é muito amado e que ama moderadamente muitas vezes só se dá conta tarde demais ou talvez jamais se dê conta da importância que foi atribuída às suas menores ações, às palavras mais insignificantes. O que mais amou um dia recordará ao outro declarações e promessas, das quais este não guardou nenhuma lembrança. Nem sempre isto é consequência da inconstância, da infidelidade, da superficialidade – mas porque ele estava bem menos envolvido do que o outro na sociedade que os dois formavam, que se baseava num sentimento desigualmente partilhado".

tornar-se senhor da memória e do esquecimento também é uma forma de exercer o poder[78].

Ao rememorar, por exemplo, a briga de galos em que se envolve Damasceno, pai de Nhã-Loló, o defunto autor pode fixar explicitamente os aspectos que fundamentam a divisão existente entre os indivíduos pertencentes à sua estirpe e àqueles que, segundo sua ótica, são inferiores.

Para Brás defunto, a facilidade com a qual Damasceno havia se entretido com os apostadores da briga de galos demonstrava que os membros de sua família ainda cultivavam costumes e afinidades da antiga classe social a qual pertenciam. Tal evidência desagradava particularmente Nhã-Loló que temia que seu pai parecesse ao noivo um sogro indigno:

> Era notável a diferença que ela fazia de si mesma; estudava-se e estudava-me. A vida elegante e polida atraía-a, principalmente porque lhe parecia o meio mais seguro de ajustar as nossas pessoas. Nhã-Loló observava, imitava, adivinhava; ao mesmo tempo dava-se ao esforço de mascarar a inferioridade da família. [...] Era tão profundo o abatimento, tão expressivo o desânimo, que eu cheguei a atribuir a Nhã-Loló a intenção positiva de separar, no meu espírito, a sua causa da causa do pai. Este sentimento pareceu-me de grande elevação, era uma afinidade mais entre nós [...] (MP, p.225-226).

Ao atualizar o episódio da briga de galos e, por conseguinte sua observação acerca do comportamento de Nhã-Loló, o memorialista acaba explicitando características que são pertinentes a ele próprio, pois é notável, em várias passagens das memórias, a diferença que Brás faz de si mesmo[79] e a vida elegante e polida que também o atraía e assinalava seu traço de distinção. Assim, um fato aparentemente irrelevante é considerado pelo

---

[78] Sabendo que Brás Cubas é um membro da elite senhorial do século XIX emprestou-se essa ideia de Le Goff (2003, p.422) que reconhece a manutenção da memória como instrumento de dominação. Segundo o historiador: "a memória coletiva foi posta em jogo de forma importante na luta das forças sociais pelo poder. Tornarem-se senhores da memória e do esquecimento é uma das grandes preocupações das classes, dos grupos, dos indivíduos que dominaram e dominam as sociedades históricas. Os esquecimentos e os silêncios da história são reveladores destes mecanismos de manipulação da memória coletiva".

[79] "Quando me lembrava do Lobo Neves, que era já deputado, e de Virgília, futura marquesa, perguntava a mim mesmo por que não seria melhor deputado e melhor marquês do que ele – e dizia isto a olhar para a ponta do nariz (MP, p.128).

relato memorial por contribuir com a imagem que o defunto autor quer afirmar.

Considerando, pois que todo "discurso contém e impõe uma ideologia; e cada ideologia encontra o seu discurso" (KRISTEVA, 2003, p.289), a certificação pelo atualizador de que seu relato memorial lhe proporciona as "sensações correspondentes àquelas vividas", pode desse modo, explicar, – a exemplo de Damasceno e a briga de galos – sua preferência em convergir a atenção do seu discurso a determinados episódios e personagens, explorá-los minuciosamente ao passo que também faz entender a restrição, desdém e até recusa que impõe a outros[80]. A partir disso, não é difícil imaginar quais serão os episódios privilegiados, aqueles que serão minimizados na narrativa, e ainda os que merecerão o despeito do defunto autor.

Obedecendo, portanto, um caráter seletivo que favoreça o atualizador, ganha relevância nas memórias a descrição do seu delírio de morte – "Juro-lhes que essa orquestra da morte foi muito menos triste do que podia parecer. De certo ponto em diante chegou a ser deliciosa" (MP, p.43) –; sua infância repleta de traquinagens na qual, o memorialista apresentando o ambiente vicioso no qual crescera, busca justificar sua própria personalidade – "Dessa terra e desse estrume é que nasceu essa flor." (MP, p.65) –; seu primeiro amor, mesmo que este seja com a prostituta Marcela – "Primeira comoção da minha juventude, que doce que me foste!" (MP, p.75) –; sua longa relação adúltera com Virgília – "[que] teve larga parte nas minhas mais íntimas sensações" (MP, p.101).

Ademais, encontram lugar todos os episódios em que o narrador coloca-se superiormente às demais pessoas tanto por fazer parte da classe

---

[80] Como expôs Kristeva (2003, p. 283-284), "Toda casta ou classe dominante soube explorar a prática da linguagem, [...] para consolidar a sua supremacia. Pois embora a língua de uma nação quase não mude ou mude apenas imperceptivelmente, as linguagens que nela se formam – os tipos de retórica, de estilo, os sistemas significantes – comportam e impõem cada uma ideologia, uma concepção do mundo, uma posição social diferente. O 'modo de falar', como vulgarmente se diz, não é de modo nenhum indiferente ao conteúdo da fala, e cada conteúdo ideológico encontra a sua forma específica, a sua linguagem, a sua retórica".

senhorial – em "situações (e vantagens) fundadas sobre escravidão e clientelismo" (SCHWARZ, 1990, p.67) – quanto por considerar-se civilizado, ou seja, adepto das ideias cientificistas da época[81] e dos pressupostos da vida moderna segundo o modelo europeu.

Desta forma, destaca-se em seu discurso o Humanitismo borbiano – "[a] religião do futuro, a única verdadeira" (MP, p.259-260); a invenção do Emplasto; as passagens em que Brás leva vantagem financeira sobre os outros (o caso do almocreve, do embrulho de dinheiro achado na praia, da partilha da herança de seu pai); os momentos em que debocha das superstições de Lobo Neves e de Dona Eusébia – "saí a rir comigo da superstição das duas mulheres, um rir filosófico, desinteressado, superior" (MP, p.105) –; o flerte que tem com Eugênia – "Uns olhos tão lúcidos, uma boca tão fresca, uma compostura tão senhoril; e coxa!" (MP, p.109) –; o tom depreciativo com o qual se refere aos menos favorecidos como D. Plácida e seu mestre de primeiras letras – "Chamava-se Lugdero o mestre; quero escrever-lhe o nome todo nesta página: Ludgero Barata – um nome funesto, que servia aos meninos de eterno mote e chufas" (MP, p.71).

Por outro lado, a atualização de Brás defunto buscará minimizar a extensão do discurso quando os episódios não lhe parecerem importantes ou quando os efeitos da memória sobre o agente atualizador não lhe forem convenientes. Neste último conjunto se inserem aqueles episódios que lhe causam extrema comoção como, por exemplo, a morte de seu pai – "Isto que parece um simples inventário, eram notas que eu havia tomado para um capítulo triste e vulgar que não escrevo" (MP, p.124) –; a de Nhã-Loló – "O epitáfio diz tudo. Vale mais do que se lhes narrasse a moléstia de Nhã-Loló, a morte, o desespero da família, o enterro" (MP, p.229) –; sua não eleição

---

[81] Nesta categoria de episódios entraria também seu delírio de morte citado anteriormente por causar-lhe uma "deliciosa sensação". A descrição do delírio é colocada por Brás Cubas também como prova de sua superioridade de homem científico: "Que me conste, ainda ninguém relatou o seu próprio delírio; faço-o eu, e a ciência mo agradecerá. Se o leitor não é dado à contemplação destes fenômenos mentais, pode saltar o capítulo; vá direto à narração" (MP, p.51).

como ministro – "Há coisas que melhor se dizem calando; tal é a matéria do capítulo anterior. Podem entendê-lo os ambiciosos malogrados" (MP, p.242).

Entre as ações e personagens minimizados e aqueles que assumem relevância no relato memorial, a figura do escravo e tudo que lhe diz respeito qualifica-se como exceção. Isto porque sua presença é recorrente em vários episódios do relato memorial, porém o fato de permear as ações sempre em segundo plano, simplesmente como componentes corriqueiros do dia-a-dia de uma sociedade patriarcal de base escravocrata – "Veio uma escrava dizer que era a baronesa X" (MP, p.154) –, esses indivíduos em alguns momentos são apagados do discurso do atualizador:

> Ao descrever os preparativos para o banquete, refere-se de passagem ao fato de que "lavaram-se, arearam-se, poliram-se as salas, escadas, castiçais, arandelas, as vastas mangas de vidro, todos os aparelhos de luxo clássico". Nenhuma menção sequer ao trabalho dos escravos domésticos, que sem dúvida foram os sujeitos dos verbos lavar, arear e polir na citação acima, assim como depois, na faxina após a comilança, e podemos apenas intuir a movimentação e a ansiedade deles para realizar as tarefas necessárias em efemérides como essa (CHALHOUB, 2003, p.101).

Esta indigência é um exemplo da forma elíptica com a qual o defunto autor atualiza as relações de poder e dominação existentes entre senhor e escravo, às vezes sendo conivente com a violência com qual eram tratados, outras fazendo com que figurem na narrativa simplesmente como uma classe perversa – "Marcela juntava-as [as dobras de ouro] todas dentro de uma caixinha de ferro, cuja chave ninguém nunca jamais soube onde ficava; escondia-a por medo dos escravos" (MP, p.76).

Em apenas um capítulo das *Memórias Póstumas*[82], a figura do escravo é personificada e assume o primeiro plano da ação narrada, ainda assim o episódio por um lado simula um ato nobre do protagonista – que ordena que um escravo liberto pare de açoitar outro – e por isso ganha o discurso do memorialista, e por outro camufla o fato de que as relações de dominação senhorial prosseguem mesmo sobre o indivíduo liberto.

---

[82] Como se verá no capítulo III deste trabalho.

Em um de seus vários momentos digressivos ao longo da atualização, Brás defunto afirma que o que faz dos homens os senhores da terra é justamente a capacidade de restaurar o passado para tocar a instabilidade das suas impressões e a vaidade de seus afetos com objetivo de corrigi-los pela reflexão:

> Deixa lá dizer Pascal que o homem é um caniço pensante. Não; é uma errata pensante isso sim. Cada estação da vida é uma edição, que corrige a anterior, e que será corrigida também, até a edição definitiva, que o editor dá de graça aos vermes (MP, p.102).

Seu livro de memórias, a edição definitiva, aliás, dedicada aos vermes, delimita, pela própria ação do atualizador – que sob uma ideologia de classe, seleciona os fatos, dedica seu discurso ou desdenha dos sucessos e personagens – um projeto definido de usufruir convenientemente dos efeitos causados pela memória, com o propósito de fixar uma imagem de superioridade do defunto autor. Desse projeto e propósito constituintes do argumento ficcional[83] é que emergirá do relato memorial o contexto histórico-social que permeia sua trajetória de vida.

---

[83] Para Schwarz (1990) as múltiplas relações estabelecidas por Brás ao longo de sua vida, bem como os modos com os quais elas se dão são responsáveis pela construção da feição do protagonista e consequentemente de um tipo singular da classe dominante brasileira do século XIX. "Fica clara, assim, a intenção [de Machado de Assis] de sintetizar um tipo representativo da classe dominante brasileira através das relações que lhe são peculiares. Cabe ao enredo concretizá-las por meio de personificações e anedotas convenientes. Daí a presença de uma diversificada galeria de figuras sociais, necessária para que Brás tenha realidade. De outro ângulo, este leque de caracteres encerra um sistema de posições cujo vínculo com a organização econômico-política da propriedade é palpável. Assim, a pintura aprofundada de um tipo obriga à esquematização da correspondente estrutura histórica. Para dar vida ao protagonista foi preciso trazer à cena um elenco de personagens que em certo plano resumisse a sociedade nacional. Reciprocamente, diremos que Brás é expressão desta [...] (SCHWARZ, 1990, p.68).

3. VIRTUALIDADE: A TRAJETÓRIA DE VIDA DE BRÁS CUBAS, PERSONAGEM-PROTAGONISTA, NA MEMÓRIA DO DEFUNTO AUTOR

Quem é realmente o Brás Cubas personagem-protagonista e qual sua trajetória de vida? Por mais que se busquem respostas autênticas para essas perguntas, sempre se estará condicionado à seleção de características e fatos – também uma forma de atualização – que o defunto autor faz em suas memórias sobre este Brás Cubas que, também para ele, encontra-se virtualizado.

Mesmo que o leitor faça uma atualização out^{84}, como aquela empreendida no capítulo I em que se estabeleceu uma relação entre a forma romanesca e o contexto no qual foi produzida as *Memórias Póstumas* – verificando, por exemplo, o posicionamento de Machado de Assis frente às questões de seu tempo e à estética realista – tudo que se pode ou não afirmar acerca de Brás Cubas e de sua vida, e consequentemente todo memorial construído sobre o Brasil Império, passa pelo crivo do defunto autor, é o crivo da obra que se constitui como todo acabado e quanto a isso já advertia, no prólogo, o próprio Brás defunto, ao dizer que se negaria a contar o método que havia empregado na construção de suas memórias, pois apesar de curioso, seria extenso e desnecessário ao entendimento porque **"a obra em si mesma é tudo"** (MP, p.40, grifo nosso).

A atualização empreendida pelo defunto autor se não é idealizada[85] e generosa com os personagens rememorados em sua narrativa – incluindo

---

[84] Aquela que é possível em toda e qualquer obra literária como está representado na figura 3.

[85] Como, por exemplo, nesta passagem: "Não digo que lhe coubesse a primazia da beleza [Virgília], entre as mocinhas do tempo, porque isto não é romance, em que o autor sobredoura a realidade e fecha os olhos às sardas e espinhas; mas também não digo que lhe maculasse o rosto nenhuma sarda ou espinha, não" (MP, p.101).

ele próprio –, nada deixa a desejar quanto ao contexto histórico-social que abarca sua trajetória de vida. Justamente os aspectos mais depreciativos de seu caráter, como o egoísmo, a volubilidade, a "sede de nomeada" (MP, p.44), a busca do prazer fácil – no amor, na atividade intelectual, na vida científica e política – lhe permitiram percorrer os extremos sociais da capital do Império no século XIX: o senhor e o escravo; os bailes da corte e as brigas de galos; a Iaiá e a prostituta; a superstição e o cientificismo; ou como assinalou Gilberto Freyre (2002) – ao discorrer sobre este período da história do Brasil –, estar entre o sobrado e o mucambo.

Além desse espaço social privilegiado – e entenda-se aqui o adjetivo como sinônimo de diversificado – a trajetória de vida de Brás Cubas situa-se em um período decisivo da história brasileira, no qual o país vivenciaria importantes transformações políticas, e em consequência destas, viriam as econômicas, as sociais e as culturais.

> [...] não há juventude sem meninice; meninice supõe nascimento; eis aqui como chegamos nós, sem esforço, ao dia 20 de outubro de 1805, em que nasci (MP p.59).
>
> [...] expirei às duas horas da tarde de uma sexta-feira do mês de agosto de 1869, na minha bela chácara de Catumbi (MP, p.41).

Em seu período de vida terrena, Brás, portanto, assiste em seus 64 anos: a chegada ao Brasil da família real portuguesa em 1808; a primeira queda de Napoleão em 1814 e sua derrocada em 1815; o retorno da família real a Portugal em 1821; a proclamação da Independência por Dom Pedro I em 1822 e sua abdicação em 1831; todo período Regencial e suas respectivas revoltas; a ascensão de D. Pedro II em 1840; o conflito brasileiro com a Inglaterra devido à proibição do tráfico negreiro e a promulgação da Lei Eusébio de Queirós em 1850; a ascensão da cultura cafeeira; a alternância no poder entre liberais e conservadores, os surtos epidêmicos de

66

varíola e febre amarela, e por fim, a Guerra do Paraguai que terminaria um ano após a sua morte em 1870[86].

Reunindo em eixos temáticos os episódios da vida de Brás Cubas, esse capítulo apresentará, a partir das ações e comportamentos daqueles que são atualizados pelo defunto autor – incluindo ele próprio e sua forma de rememorar –, o contexto histórico e social que emerge da memória de Brás Cubas.

3.1 O CONTEXTO FAMILIAR E SOCIAL

O círculo familiar de Brás Cubas caracteriza-se como uma síntese, um microcosmo do que era o meio doméstico patriarcal, já em seu cotidiano urbano, no início do século XIX. Estão aí representados todos os personagens, valores e costumes próprios das famílias que se encontravam no mais alto patamar social.

Esse contexto é apresentado detalhadamente entre os capítulos X e XIII de suas memórias nos quais o defunto autor sob a justificativa de explicar a partir do meio doméstico, a composição de seu caráter, que desde a mais tenra idade inclinara-se para o egoísmo, a vulgaridade, o amor às aparências, a frouxidão da vontade e o domínio pelo capricho (MP, p.65), procura significar cada um dos personagens que fizeram parte de sua infância[87] e que, de certo modo, tornaram-se não apenas responsáveis por

---

[86] Apesar de nem todos serem citados diretamente no relato das memórias, a verificação de que estes se enquadram no período de sua trajetória de vida, contribui para o entendimento do próprio desenrolar dos acontecimentos históricos, bem como a postura de Brás, um membro da classe senhorial, perante esses acontecimentos.

[87] Brás narra que devido a sua personalidade desregrada desde os cinco anos merecera a alcunha de "menino diabo" (MP, p.62). Segundo Freyre (2002, p.98) essa denominação era comum na época e mais que isso uma concepção jesuítica acerca dos meninos. Até os cinco anos, ou seja, antes de chegarem à idade teológica da razão havia uma adoração aos meninos. Dos seis ou sete aos dez, eles passavam a "menino-diabo".

sua formação, mas em uma análise geral de sua trajetória, constituem-se como indicativos dos caminhos os quais percorrerá.

3.1.1 O patriarca Bento Cubas

Como não poderia deixar de ser em uma sociedade dominada pelo poder patriarcal, seu pai, Bento Cubas, é seu grande aliado e modelo. Aliado, pois, crendo no valor nato do filho – "Meu pai, que seria capaz de me dar o sol, se eu lho exigisse" (MP, p.69) –, e enxergando neste a possibilidade de ver brilhar seu sobrenome, será até certo ponto conivente com suas más atitudes, como no episódio em que, ainda menino, Brás revela a todos que estão em um jantar em sua casa o beijo adúltero do Dr. Vilaça em Dona Eusébia; e modelo, pois com ele, principalmente, que Brás aprenderá o amor às aparências, às convenções sociais:

> Esconder os chapéus das visitas, deitar rabos de papel às pessoas graves, puxar pelo rabicho das cabeleiras, dar beliscões nos braços das matronas, e outras muitas façanhas deste jaez, eram mostras de um gênio indócil, mas devo crer que eram também expressões de um espírito robusto, porque meu pai tinha-me em grande admiração; e se às vezes me repreendia, à vista de gente, fazia-o por simples formalidade: em particular dava-me beijos (MP, p.62 -63).

A grande aspiração do pai e maior motivadora de suas ações, desde as mais corriqueiras – como gratificar com "duas meias dobras" a "insigne" (MP, p.60) parteira de Brás Cubas por gabar-se de haver feito os partos de uma geração inteira de fidalgos –, até as mais relevantes, era a consagração do status social já obtido pelo poder econômico com o reconhecimento pelos seus pares de uma suposta ascendência nobre de sua família.

Com esse intuito, por exemplo, é que Bento Cubas havia buscado substituir a realidade da origem humilde por outras que lhe pareciam mais adequadas à sua condição[88], que incentiva o casamento do filho com Virgília que era de família influente politicamente; e ainda, que comemora de modo extravagante a primeira queda de Napoleão, em 1814.

Em suas memórias, Brás registra que quando a notícia da derrota de Napoleão chegou ao Brasil[89], a população comemorou cordialmente o fato com cortejos e aclamações, demonstrando afeto à família real – "houve iluminações, salvas, *Te Deum*" (MP, p.66).

No tempo de Dom João VI, manifestações públicas como essas eram muitas vezes ordenadas em editais e proclamas e, portanto, de espontaneidade duvidosa. O fato é que espontâneas ou ordenadas, cumpriam bem seu papel. Impressionando o povo com suas salvas de artilharia e repiques de sinos, artefatos luminosos, fogos de artifício e chuva de flores, prestavam-se a reforçar, por meio do caráter espetacular da corte, o poder da realeza, ao passo que serviam também para fixar na sociedade o lugar de cada um diferenciando o homem mais simples daquele que tinha direito de estar ao redor do rei.

> Nessas ocasiões era comum assistir às manifestações de vassalagem e amor ao rei, de que não se pode medir quanto de verdadeiro sentimento e quanto de adulação. Mas, por meio delas, é possível saber como eram os sinais materiais com que os súditos se dirigiam ao soberano e identificar esses súditos (MALERBA, 2000 p. 258).

Inserido neste contexto, Bento Cubas, compreendendo a oportunidade que se descortinava, entendeu que se fazia necessário para uma família de sua estirpe, uma comemoração à altura com um jantar de tal imponência que

---

[88] Achando que o sobrenome Cubas lembrava a tanoaria – profissão de Damião Cubas fundador da família (MP, p.44) –, inventara que ele havia sido dado a um cavaleiro herói nas jornadas da África, como prêmio pela façanha que praticou ao arrebatar trezentas cubas aos mouros. Antes, porém, de recorrer à inventiva Bento Cubas havia experimentado a falsificação. Tentara entroncar-se, na família do capitão-mor Brás Cubas, responsável pela fundação da vila de São Vicente, mas como não fora aceito como parente, acabou ficando com a história do cavaleiro. – "Meu pai era homem de imaginação; escapou à tanoaria nas asas de um *calembour*" (MP, p.45).
[89] Assim relatava o acontecimento a *Gazeta do Rio de Janeiro* em 1° de junho de 1814: "Depois de huma brilhante Victoria, Deos poz a Capital do Imperio Francez em poder dos Soberanos Aliados, justa retribuição das miserias que sofrerão Moskow, Vienna, Madrid, Berlim e Lisboa, pelo desolador da Europa".

"chegasse aos ouvidos de Sua Alteza, ou quando menos, de seus ministros" (MP, p.66):

> Veio abaixo toda a velha prataria herdada do meu avô Luís Cubas; vieram as toalhas de Flandres, as grandes jarras da Índia; matou-se um capado; encomendaram-se às madres da Ajuda as compotas e marmeladas; lavaram-se, arearam-se, poliram-se as salas, escadas, castiçais, arandelas, as vastas mangas de vidro, todos os aparelhos do luxo clássico (MP, p.67).

O desejo de inserir-se numa estirpe nobre ou pelo menos em aparentar compor tal classe, não era uma preocupação exclusiva do patriarca Bento Cubas e de sua família, fato que se relaciona diretamente com a chegada, no Brasil, de D. João VI e sua corte em 1808, e a conversão repentina do Rio de Janeiro em metrópole.

Freyre (2002, p.336) explica que a colônia portuguesa da América havia ao longo de três séculos incorporado modos cotidianos tão exóticos do ponto de vista europeu, que ao tomar contato com a nova realidade de industrialização, de progresso comercial e de burguesia triunfante, vivida na Europa no século XIX, o Brasil sofreu uma espécie de reeuropeização:

> No Brasil dos princípios do século XIX e fins do XVIII, a re-europeização se verificou [...] pela assimilação, da parte de raros, pela imitação (no sentido sociológico, primeiro fixado por Tarde), da parte do maior número; e também por coação ou coerção, os ingleses, por exemplo, impondo à colônia portuguesa da América – através do Tratado de Methuem, quase colônia deles, Portugal só fazendo reinar politicamente sobre o Brasil – e mais tarde ao Império, uma série de atitudes morais e padrões de vida que, espontaneamente, não teriam sido adotados pelos brasileiros. Pelo menos com a rapidez com que foram seguidos pelas maiorias decisivas nessas transformações sociais (FREYRE, 2002, p.336).

Como citado, houve mudanças, principalmente àquelas referentes aos padrões de comportamento que os habitantes da nova capital do Império, ansiando equiparar-se aos chegados da Europa, gradativamente imitariam. Neste sentido, a descrição sobre os preparativos para o jantar comemorativo promovido por Bento Cubas, e suas motivações ilustram aspectos relevantes.

Ao explanar sobre os costumes à mesa dos comerciantes brasileiros, à época da chegada da corte no Brasil, Luccock[90] (1975 apud MALERBA, 2000 p. 159) relata que o jantar, a refeição principal servida na varanda dos fundos da casa, às vezes, era realizado em uma mesa – que na verdade era um pedaço de tábua velha colocada sobre dois cavaletes com tamboretes servindo de cadeira –, mas era costumeiramente feito no chão. Apenas os homens utilizavam facas para se alimentar, enquanto as mulheres e as crianças se serviam dos dedos. As escravas comiam juntamente com a família, sendo que por vezes as senhoras da casa lhes davam o alimento com as próprias mãos. A boca era limpa na toalha e os garfos raramente usados.

Paradoxalmente a esses hábitos, constavam nos espólios de vários comerciantes de fino trato do século XIX, diversos utensílios de prata e louças, além de bandejas, castiçais, vasos chineses, aparelhos de mesa azul da Índia, ou seja, todo tipo de luxo. Em alguns casos, entretanto, a prataria (garfos, facas, terrinas, garrafas, etc.) aparecia arrolada no inventário juntamente com trastes de ouro, joias e pedraria, e não com os demais utensílios de cozinha, como as louças, fato a partir do qual se pode deduzir que esses objetos serviam a esses senhores e suas famílias, mais como signo de distinção social, demonstrando seu *status* e poder de consumo do que como conjunto de utensílios de uso diário (MALERBA, 2000).

Essa hipótese dos utensílios como signo de distinção é de certa forma atestada por Brás ao dizer que toda velha prataria havia "vindo abaixo" e que fora necessário lavar e arejar, além dos ambientes, todos objetos de luxo clássico – o que faz supor que estavam há tempos guardados, isto é, não eram utilizados cotidianamente.

---

[90] LUCCOCK, John. **Notas sobre o Rio de Janeiro e partes meridionais do Brasil**. Tradução: Milton de S. Rodrigues. Belo Horizonte: Itatiaia / São Paulo: Edusp, 1975.

Figura 6: **O jantar no Brasil**, Jean-Baptiste Debret - A pintura parece de certa forma conjugar as duas informações expostas por Luccock e por Malerba. O pintor francês retrata um casal de uma classe abastada no momento da refeição. Há a presença dos utensílios para a alimentação, contudo o hábito de alimentar escravos simultaneamente está presente. Além do escravo que observa o casal, há uma escrava que os abana e mais duas crianças escravas, uma que come algo sentada ao lado da mesa e outra que foi flagrada recebendo o alimento da senhora.
Fonte: Debret (1972, prancha 7 , p. 137).

Deste modo, a comemoração da queda de Napoleão – que dissimulava uma solidariedade à família real – atendia, oportunamente, a necessidade dos donos da casa que, através da suntuosidade do evento, reafirmavam seu o *status* social. Além disso, o jantar promovido por Bento Cubas satisfazia o anseio de nobreza comum entre os convidados - o juiz de fora, os militares, comerciantes, letrados, funcionários da administração - que assim como os anfitriões, imitavam[91] o modelo de comportamento europeu para diferenciar-se do restante da sociedade – que se diga de antemão, sendo composta de maioria escrava, já se encontrava bastante diferenciada.

Alheios aos sentimentos verdadeiros quanto à queda ou não do imperador francês, todos queriam, na verdade, ostentar suas posições sociais e, na ótica do defunto autor, comungavam de um único desejo: "atolar a memória de Bonaparte no papo de um peru" (MP, p.67).

---

[91] O desejo de igualar-se ao europeu gerou no Brasil as situações mais inusitadas: "Dizem que Dom João VI quando chegou à Bahia em 1808 foi logo mandando iluminar a cidade: era 'para o inglês ver'. Outros dizem que a frase célebre data dos dias de proibição do tráfico de escravos, quando no Brasil se votavam leis menos para serem cumpridas do que para satisfazerem exigências britânicas [...] De qualquer modo a frase ficou. E é bem característica da atitude de simulação ou fingimento do brasileiro, como também do português, diante do estrangeiro. Principalmente diante do inglês, em 1808, não mais o herege nem o 'bicho' que era preciso salpicar de água benta, para se receber dentro de casa, mas, ao contrário, criatura considerada, em muitos respeitos, superior" (FREYRE, 2002, p.335).

72

3.1.2 Tio Idelfonso: a religião e a nova religião

Participando deste círculo familiar que, tanto para um olhar contemporâneo quanto para o próprio defunto autor, parece pernicioso e contribuindo para a (de) formação de Brás Cubas, encontrava-se também tio Idelfonso, um celibatário.

O tio cônego que costumava dizer que o amor da glória temporal era a perdição das almas, que só deveriam cobiçar a glória eterna (MP, p.44), às vezes, repreendia Bento Cubas devido ao tipo de educação aplicada ao menino "Brasinho" (MP, p.104), na qual era dada "mais liberdade do que ensino e mais afeição do que emenda" (MP p.63-64) – a esta repreensão, o pai de Brás, enganando a si próprio, contestava dizendo que aplicava ao garoto um método educacional totalmente superior.

As presumíveis virtudes religiosas do tio cônego, no entanto, não exerceram influências benéficas sobre o caráter indócil de Brás que enxergou em tais qualidades, apenas uma compensação de um espírito medíocre de um homem frouxo e acanhado que não era capaz ao menos de compreender com profundidade as significações da fé que professava:

> Não era homem que visse parte substancial da Igreja; via o lado externo, a hierarquia, as preeminências, as sobrepellzes, as circunflexões. Vinha antes da sacristia que do altar. Uma lacuna no ritual excitava-o mais do que uma infração dos mandamentos [...] ninguém nas festas cantadas, sabia melhor o número e o caso das cortesias que se deviam ao oficiante (MP, p.64-65).

A visão crítica de Brás a respeito de seu tio, somada ao tipo de relação com a prática religiosa observada em outras pessoas com as quais conviverá em sua vida terrena, fixa-se como um indicativo do que na verdade representava, para a maioria da época, a participação no culto religioso: uma oportunidade de integração social e diversão, já que a Igreja era uma promotora de pomposas cerimônias e festividades[92] – "Era um gosto ver o Quincas Borba fazer de imperador nas festas do Espírito Santo" (MP, p.72) – que por seu luxo e rito peculiares enchiam os olhos dos participantes, tornando-se mais um entretenimento do que expressão sincera do desejo de comunhão com o divino[93].

> As festividades e cerimônias da religião, inúmeras e realizadas com grande esplendor, contribuíam para realçar a originalidade da urbe carioca, atraindo a atenção dos estrangeiros.
> O interior dos templos apresentava, nas solenidades mais importantes, aspecto imponente. Luzes em profusão. Velas espetadas em tocheiros e candelabros, ou resguardadas em mangas de cristal trabalhado e em globos de vidro. Ao centro das naves dezenas de luzes. Umas peças eram de jacarandá, muitas de prata maciça, não poucas de ouro. Mantos, túnicas, casulas, paramentos e opas, de seda ricamente bordadas, deslumbravam os espectadores. Dos balcões dos altares-mores pendiam colchas de ouro achamalotado ou de cor de carmim azul celestial. Flores e palmas artificiais nos altares e nichos. Nos coros, grandes orquestras de negros tocavam músicas [...] e inúmeros cantores se faziam ouvir as suas vozes [...] (RIOS FILHO, 2000, p.488).

A suntuosidade descrita das festividades e cerimônias religiosas amplia o entendimento sobre a excessiva preocupação de Idelfonso acerca das formalidades religiosas nas quais consistiam o seu verdadeiro objeto de adoração – mais uma vez o que importava entre os membros da família Cubas eram as aparências e não as motivações essenciais.

Do mesmo modo que outros eventos promovidos pela elite local, o culto religioso refletia um determinado *status* social – "[Virgília] só ia à igreja em dia de festa, e quando havia algum lugar vago em alguma tribuna" (MP, p. 140-141) – e neste sentido, não seria pretensioso comparar a sua pompa àquela comum aos ricos bailes da corte – "Voltei à sala, lembrou-me dançar uma polca, embriagar-me das luzes, das flores, dos cristais, dos olhos bonitos, e do burburinho surdo e ligeiro das conversas particulares" (MP,

---

[92] Ademais, era o ambiente no qual os galantes rapazes da primeira metade do século XIX podiam encontrar e apreciar as iaiazinhas que, na maior parte do tempo, ficavam trancafiadas no interior de suas casas.

[93] Para Holanda (1995, p.150) a religiosidade brasileira é uma "religiosidade de superfície, menos atenta ao sentido íntimo das cerimônias do que ao colorido e à pompa exterior, quase carnal em seu apego ao concreto e em sua rancorosa incompreensão de toda verdadeira espiritualidade".

p.237) – também neles, assim como nas cerimônias e festejos católicos havia as luzes, as flores, os cristais, o encantamento.

Por outro lado, a visão com a qual Brás defunto atualiza o clero e a Igreja era pertinente a alguém que fora influenciado pelo cientificismo e que havia assistido durante o Império a intervenção estatal[94] nos órgãos religiosos, principalmente a partir do momento em que D. Pedro I, no artigo 5° da Constituição de 1824, reconhecia que no Brasil, a religião oficial era a Católica Apostólica Romana.

Rios Filho (2000) expõe os conflitos do período entre o Estado e a Igreja:

> O Ato Adicional muito concorrera para fazer que os governos central e das províncias tratassem a Igreja como se fosse de sua propriedade. D. Pedro I chegou, mesmo, a exceder-se, pois "usurpou os direitos de Padroeiro da Igreja no Brasil, subordinou ao seu arbítrio as bulas do Santo Padre e a autoridade dos bispos brasileiros" [...] Ao lado do regalismo; **do espírito racionalista e cético dos homens do governo; da falta de cultura do povo, que não penetrava na essência da doutrina cristã**; da indolência geral no pensar um pouco; do desejo que tinham bastantes homens públicos e legisladores de mostrar independência de opinião e de ação; **havia clérigos cujo preparo deixava muito a desejar ou que estavam entregues completamente à política** (RIOS FILHO, 2000, p.479-480, grifo nosso).

Mesmo sendo tendenciosa, – por apresentar-se claramente partidária da Igreja – a exposição de Rios Filho certifica e dá sentido ao cotidiano religioso do Brás Cubas rememorado e das pessoas de sua convivência. Além das questões comentadas de antemão, tais como a "falta de cultura do povo, que não penetrava na essência da doutrina cristã" ou ainda, sobre os

---

[94] Holanda (1995, p.118) expõe que, no Brasil, a intervenção do Estado na Igreja data do início da Era Colonial: "Estreitamente sujeita ao poder civil, a Igreja católica, no Brasil, em particular, seguiu-lhe também estreitamente as vicissitudes e circunstâncias. Em conseqüência do grão-mestrado da Ordem de Cristo, sobretudo depois de confirmada em 1551 por sua santidade o papa Júlio III, na bula *Praeclara carissimi*, sua transferência aos monarcas portugueses com o patronato nas terras descobertas, exerceram estes, entre nós, um poder praticamente discricionário sobre os assuntos eclesiásticos. Propunham candidatos ao bispado e nomeavam com cláusula de ratificação pontifícia, cobravam dízimos para dotação do culto e estabeleciam toda sorte de fundações religiosas, por conta própria e segundo suas conveniências momentâneas. A Igreja transformara-se, por esse modo, em simples braço do poder secular, em um departamento da administração leiga [...]".

"cléricos cujo preparo deixava muito a desejar", como é o caso de tio Idelfonso – que "carecia absolutamente da força de incutir suas parcas virtudes aos outros" (MP, p.65) –, o historiador frisa "o espírito racionalista e cético dos homens do governo" e de como, em sua opinião, se havia desvirtuado os membros clericais que tinham se incorporado à vida política.

A incompatibilidade entre política e religião apontada por Rios Filho, encontra-se para Holanda (1995, p.150) relacionada diretamente ao afrouxamento da prática religiosa que, no Brasil por ser de extrema transigência, não permitia que dela se produzisse qualquer moral social poderosa:

> Religiosidade que se perdia e se confundia num mundo sem forma e que, por isso mesmo, não tinha forças para lhe impor sua ordem. Assim, nenhuma elaboração política seria possível senão fora dela, fora de um culto que só apelava para os sentimentos e os sentidos e quase nunca para a razão e a vontade (HOLANDA, 1995, p.150).

O caráter sentimental e transigente que a prática religiosa católica havia assumido provinha, sobretudo, do amor à superficialidade, peculiar à cultura brasileira e, portanto, opunha-se diretamente à racionalidade positiva.

Nas *Memórias Póstumas* esse confronto é tópico fundamental da vivência de Brás Cubas que buscará solucioná-lo de modo a tirar-lhe maior proveito. O tema assume relevância, primeiramente, por meio de Quincas Borba e de seu Humanitismo; teoria científica que em tudo contradiz a concepção cristã de solidariedade e amor – "O amor [...] é um sacerdócio, a reprodução de um ritual." (MP, p.219) – ao especular sobre a necessidade da sobrevivência de um ser em detrimento de outro – "[...] todos os sentimentos belicosos são os mais adequados à sua felicidade" (MP, p.220).

Almejando aderir ao moderno "espírito racionalista" de Quincas Borba à moda dos cientificistas da época, Brás, contudo, não consegue se desvincular totalmente da formação católica à maneira de tio Idelfonso: de aparência, por *status* e sem nenhuma convicção. Por isso, quando se sente

76

solitário e fatigado de não fazer nada, aceita o convite do cunhado Contrim para filar-se a uma Ordem Terceira, na qual realiza um trabalho assistencial que o defunto autor, por falsa modéstia, diz que não irá detalhar, mas na verdade era mais uma forma de sentir-se bem consigo do que um ato de obséquio desinteressado.

Antes de filiar-se a essa Ordem religiosa, porém, Brás consulta Quincas Borba – seu mestre Humanitas – que o persuade quanto às qualidades e o futuro do Humanitismo:

> O Humanitismo há-de ser também uma religião, a do futuro, a única verdadeira. O cristianismo é bom para as mulheres e os mendigos, e as outras religiões não valem mais do que essa: orçam todas pela mesma vulgaridade ou fraqueza. O paraíso cristão é um digno êmulo do paraíso muçulmano; e quanto ao nirvana de Buda não passa de uma concepção de paralíticos. Verás o que é a religião humanística. A absorção final, a fase contrativa é a reconstituição da substância, não o seu aniquilamento, etc. Vai aonde te chamam; não se esqueças, porém, que és meu califa (MP, p.259-260).

Afirmando o cristianismo como uma doutrina pertinente às mulheres e aos mendigos, o filósofo atribui a esta religião, justamente o excesso de sentimentalismo e consequente falta de racionalismo e de espírito prático, que para Holanda (1995) aparecia como algo pernicioso na cultura brasileira. Assim, configurando-se como a religião do futuro, a teoria de Quincas Borba estaria desse modo eliminando vícios culturais e em decorrência disso contribuindo para a evolução social.

Historicamente, o Humanitismo borbiano que buscava o racionalismo e o espírito prático, pode ser relacionado ao surgimento e propagação de correntes científico-filosóficas como o positivismo de Auguste Comte que, na Europa, de acordo com Abbagnano (1993, p.118), acompanhou e promoveu o nascimento e a afirmação técnico-industrial da sociedade fundada e condicionada pela ciência, além de exprimir as esperanças, os ideais e a exaltação otimista pertinentes à época[95]. No Brasil, aderir ao positivismo significava equiparar o país às grandes nações contemporâneas e este fato explica o sucesso – principalmente na segunda metade do século XIX – dessas ideias entre os bacharéis e intelectuais formados no velho mundo, como é o caso de Brás Cubas.

Desse espírito científico é que se depreende a convicção fanática e quase ridícula de Quincas Borba em sua teoria e, em consequência, sua rejeição a qualquer manifestação religiosa[96]:

> O homem desta época, julgou ter encontrado na ciência a garantia infalível de seu próprio destino. Por isso rejeitou, considerando-a inútil e supersticiosa, toda a garantia sobrenatural e pôs o infinito na ciência, encerrando nas formas desta a moral, a religião, a política, a totalidade da sua existência (ABBAGNANO, 1993, p.118).

Mas se Quincas Borba morre sem presenciar o triunfo científico por meio de sua religião humanística, seu califa sucessor irá buscá-lo por meio da invenção do Emplasto – "um medicamento sublime, um emplasto anti-hipocondríaco, destinado a aliviar nossa melancólica humanidade" (MP, 43). O Emplasto[97], aliviando a dor dos homens, consolidaria a superioridade da

---

[95] Chalhoub (2003, p.123-124) acredita que apesar da lei das fases de Humanitas: *a estática*, "anterior a toda criação"; a *expansiva*, "começo das coisas"; a *dispersiva;* "aparecimento do homem"; e a *contrativa,* "absorção do homem e das coisas", lembrar as leis dos estádios da evolução da humanidade desenvolvida por Comte, a base dos conceitos do Humanitismo e que seriam também objeto de sátira de Machado de Assis, encontravam-se no Darwinismo. Contudo, pela considerável difusão que obteve o positivismo entre as elites locais e, sobretudo, por essas teorias serem recentes na época da escrita do romance, optamos por citar apenas o positivismo de Comte.

[96] Na verdade, havia na França uma corrente liderada por Pierre Laffite que havia optado pelo aspecto místico da ideologia, compreendendo o positivismo como religião da humanidade. Ao discorrer sobre a influência positivista no Brasil Imperial, Mendes (1996 apud TAMBARA, 2005, p.167, grifo nosso) registra esta concepção: "A influência da **Religião da Humanidade** foi se fazendo sentir, na abolição da escravidão africana, na dissipação dos preconceitos pedantocráticos e do despotismo sanitário, e na propaganda republicana, esforçando-se por desvanecer o regalismo, tanto imperialista como democrático, mediante um regime de completa separação entre o Poder Espiritual e o Poder Temporal" (In: MENDES, Teixeira. **Mais uma vez a verdade histórica acerca da instituição da liberdade espiritual.** Rio de Janeiro: Igreja do Apostolado Positivista do Brasil, 1926).

[97] É provável que no contexto da obra de Machado de Assis, o Emplasto Brás Cubas, um medicamento, represente, assim como o Humanitismo, também uma sátira à onda de homeopatia que tomou conta do Brasil no Segundo Reinado. Alencastro (1997, p.44) explica que

ciência em detrimento da religião – seria a potencialidade científica garantindo o destino da humanidade:

> Na petição de privilégio que então redigi [sobre o Emplasto], chamei a atenção do governo para esse resultado, **verdadeiramente cristão**. Todavia, não neguei aos amigos as vantagens pecuniárias que deviam resultar da distribuição de um produto de tamanhos e profundos efeitos (MP, p.44, grifo nosso).

É irônico constatar que o benefício "verdadeiramente cristão" que sua invenção traria está intimamente ligado ao seu desejo de fama. Sem nenhuma convenção a respeitar, ou temer, o Brás defunto confessará que o que o motivou peculiarmente na invenção do remédio foi o gosto de ver impressas nos jornais, nos mostradores, folhetos, esquinas, nas caixas de remédio, apenas três palavras: *"Emplasto Brás Cubas"* (MP, p.44).

Afastado de seu tio cônego, no tempo virtual da memória, o Brás que toma contato com a ciência e a racionalidade do Humanitismo e que se dedica à invenção do medicamento anti-hipocondríaco é o da fase madura já em seus 64 anos. A distância temporal, contudo, não apagaria a imagem da beleza e suntuosidade das ações cristãs motivadas por razões não essenciais.

Confessaria o defunto em suas memórias:

> Assim a minha ideia [a invenção do Emplasto] trazia duas faces, como as medalhas, uma virada para o público, outra para mim. De um lado, filantropia e lucro; de outro lado, sede de nomeada (MP, p.44).

A dualidade de sua ação sobre o Emplasto assemelhava-se assim ao comportamento do cônego que se preocupava mais com o ritual do que com os mandamentos.

---

o *Jornal das Famílias* impresso em Paris e publicado no Rio de Janeiro pelo editor francês Garnier contribuiu para a influência de três correntes de pensamento e prática social no Segundo Reinado que, em certa medida, encontravam-se relacionadas: o positivismo, o kardecismo e a homeopatia. "Médicos homeopatas interessam-se pelas curas obtidas mediante sonambulismo e magnetismo, abrindo via ao kardecismo, enquanto positivistas fazem propaganda da homeopatia".

Tio Idelfonso que tanto carecia de força para incutir virtudes cristãs nos outros, havia conseguido, afinal, transmitir ao sobrinho a melhor, ou a mais conveniente delas: o amor às formalidades – "Amável formalidade, tu és, sim o bordão da vida, o bálsamo dos corações, a medianeira entre os homens, o vínculo do céu e da terra [...]" (MP, p.231).

3.2 A CONDIÇÃO DA MULHER

Na trajetória de Brás Cubas, a condição feminina no século XIX aparece amplamente exemplificada não apenas por mulheres pertencentes à elite como sua mãe, sua irmã Sabina e sua amante Virgília, mas por aquelas livres e pobres como Eugênia, Eulália, Marcela e Dona Plácida.

Fixando como ponto em comum apenas o fato de estar de uma forma ou de outra subjugadas pelo poder patriarcal, essas mulheres com origens, personalidades e histórias de vida distintas apresentam nas atualizações do defunto autor as variações possíveis da situação feminina na época.

À mãe de Brás, por exemplo, é destinado o papel de modelo feminino que se tornou corrente como sendo a mulher das classes média e alta do século XIX[98]:

> Minha mãe era uma senhora fraca, de pouco cérebro e muito coração, assaz crédula, sinceramente piedosa – caseira, apesar de bonita, e modesta, apesar de abastada; temente às trovoadas do marido. O marido era na terra o seu deus (MP, p.63).

Crédula, caseira e submissa ao marido, a mãe de Brás buscava cumprir, ainda que sem sucesso, a única função social, além de esposa, que lhe era legitimada: a de educar seus filhos – "Minha mãe doutrinava-me a

---

[98] COSTA (2007), apresenta exemplos de mulheres que fugiram, em parte, à essa regra, mas que foram esquecidas pela historiografia.

seu modo, fazia-me decorar alguns preceitos e orações; mas eu sentia que mais do que orações, me governavam os nervos e o sangue" (MP, p.63).

De tom aparentemente elogioso, – pelo menos por apresentar características femininas caras aos homens, por serem necessárias à manutenção do seu poder – a atualização que o defunto faz da mãe revela a visão preconceituosa que se tinha sobre a mulher: um ser fraco, de inteligência menor, que por isso deveria permanecer sob o jugo do marido e protegida do ambiente social ficando todo o tempo dentro de casa.

Além da completa exclusão da vida social e política, às mulheres das classes abastadas eram impostos dois tipos físicos os quais também se configuravam como instrumento de repressão e dominação masculina: a menina doente e franzina e a mulher gorda e rechonchuda. A primeira, objeto de galanteio dos jovens bacharéis, deveria manter-se com o corpo delicado – representação por excelência de sua fragilidade – como princípio de diferenciação tanto da forma física masculina quanto da mulher escrava – "o vigor só ficava bem às negras da senzala". A segunda, esposa feita, que havia sido criada para ser mulher parideira e que aos 25 anos de idade já estava envelhecida[99]. Nos dois casos, mulheres doentes de aparência mórbida, deformadas no corpo para serem servas do homem e "bonecas de carne do marido" (FREYRE, 2002, p.126-148).

Na mãe de Brás Cubas, essa morbidez pertinente ao confinamento em que viviam as mulheres da elite e o padrão físico que lhes era imposto, é de

---

[99] "Essas influências sociais, mais a alimentação deficiente, se fizeram sentir, com a maior intensidade, sobre a menina brasileira de sobrado. Menina aos onze anos já iaiazinha era, desde idade ainda mais verde, obrigada a 'bom comportamento' tão rigoroso que lhe tirava, ainda mais que ao menino, toda a liberdade de brincar, de pular, de saltar, de subir nas mangueiras, de viver no fundo do sítio, de correr no quintal e ao ar livre. Desde os trezes anos obrigavam-na a vestir-se como moça, abafada em sedas e babados e rendas; ou a usar decote, para ir ao teatro ou a algum baile. Daí tantas tísicas entre elas; tantas anêmicas; e também tantas mães de meninos que nasciam mortos; tantas mães de anjos; tantas mães que morriam no parto" (FREYRE, 2002, p.149). Brás Cubas ao rememorar o caso com Eugênia – quando esta ainda não se encontrava na miséria - registra os modos que eram impostos às meninas da época fazendo com que se parecessem muito mais velhas do que eram: "Em verdade, ela parecia ainda mais mulher do que era; seria criança nos seus folgares de moça; mas assim quieta, impassível, tinha compostura de mulher casada. Talvez essa circunstância lhe diminuía um pouco a graça virginal" (MP, p.105).

certa forma representada pelo próprio definhamento do seu corpo pela doença. É como se devido ao esforço da servilidade a um homem tirano e à família ao longo dos anos, houvesse se esvaído toda sua vitalidade. O memorialista ao contrapor a beleza juvenil da mãe ao seu corpo moribundo parece acentuar esse aspecto: "Era menos um rosto do que uma caveira: a beleza passara, como um dia brilhante; restavam os ossos, que não emagrecem nunca" (MP, p.93).

Como que num movimento análogo às parcas mudanças na condição feminina do século XIX, a imagem da mulher confinada, representada pela mãe de Brás, será substituída, nas memórias, por duas outras componentes da elite: Sabina e Virgília. As duas jovens senhoras, bem como seus modos e vestimentas: – "vestido soberbo", "os cabelos postos em bandós", "os brilhantes" (MP, p.152) – configurarão as mulheres da elite no período posterior que mesmo estando ainda sob o jugo dos maridos, exprimem no seu cotidiano maior sociabilidade:

> As referências ao isolamento em que viviam as mulheres da classe alta e média na primeira metade do século XIX, quando elas mantidas quase segregadas, longe dos olhos dos estranhos, sendo vistas apenas de esguelha quando iam à igreja, cederam lugar ao longo do século a imagem de maior sociabilidade. Mulheres passaram a ser vistas frequentando bailes, teatro e confeitarias, visitando amigos e até mesmo servindo-se do bonde para ir às compras ou à praia. Mas o retrato da mulher dependente, prisioneira nas teias da autoridade patriarcal persistia (COSTA, 2007, p.494).

Somente aliada a essas novas condições de sociabilidade é que o romance entre Brás e Virgília se tornará simples e possível, pois mesmo na ausência do marido, esta recebe Brás em casa já que ele era tido como um bom amigo da família. Ademais, quando a situação dos dois se torna insustentável devido às suspeitas dos outros – "Meu B... Desconfiam de nós; tudo está perdido; esqueça-me para sempre. Não nos veremos mais. Adeus; esqueça-me da infeliz V..." (MP, p.157) –, Virgília dispõe de liberdade para sair sozinha de casa e "visitar" D. Plácida a fim de encontrar-se furtivamente com o amante.

O próprio reencontro do casal adúltero – após o casamento de Virgília com Lobo Neves – que se dá num baile da corte, no embalo da valsa, indica uma aproximação pública, entre um homem solteiro e uma senhora casada, incomum em outros tempos:

> Oito dias depois, encontrei-a num baile; creio que chegamos a trocar duas ou três palavras. Mas noutro baile, dado daí a um mês, em casa de uma senhora, que ornara os salões do Primeiro Reinado, e não desornava então os do Segundo, a aproximação foi maior e mais longa, porque conversamos e valsamos. A valsa é uma deliciosa coisa. Valsamos; e não nego que, ao conchegar ao meu corpo aquele corpo flexível e magnífico, tive uma singular sensação de homem roubado (MP, p.131).

Tanto Sabina quanto Virgília gozam de uma liberdade desconhecida pela geração anterior e não raramente, na narração do defunto autor se encontram ambientadas em bailes da corte e teatros[100]. Além disso, com maior intimidade com os irmãos e maridos, opinam sobre aspectos que, de acordo com seus pontos de vista, são importantes na manutenção do privilégio de classe.

Sabina, por exemplo, adverte o irmão sobre a insanidade de afrontar o governo por meio de um jornal oposicionista – "Mano Brás, que você vai fazer? [...] Que ideia é essa de provocar o governo sem necessidade [...]" (MP, p.250) – e em outro momento, buscando enquadrar o irmão no modelo familiar convencional, praticamente impõe que ele se case com Nhã-Loló, sobrinha de seu marido – "Não senhor, agora quer você queira quer não, há de casar" (MP, p.223). Até mesmo discute com irmão – é certo que ao lado do marido – o direito de parte da herança deixada pelo pai – "Deixa, Contrim,

---

[100] Costa (2007, p.500) relaciona as progressivas mudanças no cotidiano das mulheres da elite ao desenvolvimento do sistema capitalista no Brasil. Aliado a esse fator, é importante ressaltar que os membros da elite imperial desejosos de assumir uma civilidade semelhante à europeia, buscaram em tudo imitar o modelo de vida principalmente francês. Esse movimento progressivo, como bem registrou Nicolau Sevcenko (2003a), atingirá seu auge no final do século com o advento da República.

disse minha irmã ao marido; vê se ele quer ficar também com a nossa roupa do corpo, é só o que falta" (MP, p.126).

Por outro lado, também Virgília, mais do que a irmã de Brás, manifesta suas vontades e opiniões. A primeira delas – e talvez a de maior consequência para a trajetória de vida do memorialista[101] –, a preferência em se casar com Lobo Neves, revela um avanço na condição das mulheres que tinham seus casamentos arranjados por seus pais[102] – "Virgília comparou a águia e o pavão, e elegeu a águia, deixando o pavão com o seu espanto, o seu despeito, e três ou quatro beijos que lhe dera" (MP, p.122).

Em ocasião posterior, quando se torna amante de Brás Cubas, manipula a relação a seu bel-prazer, ora alugando uma casinha na qual a presença de D. Plácida poderia garantir o encontro entre os dois, ora suplicando ao amante que aceitasse o convite de Lobo Neves para ser seu secretário de província.

Querendo desfrutar da aventura de uma "vida de delícias, de terrores, de remorsos, de prazeres que rematavam em dor, de aflições que desabrochavam em alegria" (MP, p.137), Virgília também buscava manter as vantagens da situação de mulher de alta sociedade[103] – "Vi que era impossível separar duas coisas que no espírito dela estavam inteiramente ligadas: o nosso amor e a consideração pública. Virgília era capaz de iguais sacrifícios para conservar ambas as vantagens [...]" (MP, p.157).

---

[101] E de seu pai Bento Cubas, pois o rompimento de Brás e Virgília e a consequente perda da oportunidade de entroncar-se numa família de linhagem nobre gera tal frustração no patriarca da família Cubas que este acaba morrendo de desgosto: "Meu pai ficou atônito com o desenlace, e quer-me parecer que não morreu de outra coisa" (MP, p.123).

[102] De acordo com Freyre (2002 p.160-161) uma das formas das mulheres no século XIX para expressar seu desejo na escolha no marido foi "deixar-se raptar por donjuans, plebeus ou de cor". Segundo ele ainda, os jornais da época estão repletos de anúncios e notícias que registram esse movimento. Também Costa (2007, p.496-497) fala das mulheres que se recusavam a casar com os homens escolhidos pelos pais e preferiam o casamento por amor ao por conveniência e ainda daquelas que simplesmente preferiram permanecer solteiras.

[103] "Virgília contrariamente aos cavalheiros [Brás e Lobo Neves], não é uma figura diminuída. Também ela faz questão do bom e do melhor, em que se incluem audácias da elegância moderna tanto quanto as vantagens da situação tradicional. Brilho mundano, um pouco de agnosticismo, galanteios românticos, liberdade no amor – sem prejuízo da vida familiar sólida, consideração pública, oratório de jacarandá no quarto, reputação imaculada, privilégio" (SCHWARZ, 1990, p. 128).

Como já foi dito, se as mulheres como Virgília e Sabina diferenciavam-se da geração anterior – das confinadas como a mãe de Brás –, isto não significava em absoluto que havia sido desfeita a dominação sob a qual as senhoras da elite viviam[104], muito menos que a ideia de inferioridade feminina tivesse sido desfeita.

Atualizada pelos olhos masculinos de Brás Cubas, Virgília por vezes aparece ora como figura frágil – "Virgília desatou a chorar" (MP, p.153) – ora infantil – "Virgília bateu palmas, levantou-se, deu um beijo no filho, com um ar pueril" (MP, p.151) – mas, sobretudo, de inteligência menor – "ignorante" (MP, p.101) – que por sua beleza feminina tem como utilidade exclusiva o prazer masculino:

> Via-a dali mesmo, reclinado no camarote, com os seus magníficos braços nus – os braços que eram meus, só meus – fascinando os olhos de todos, com o vestido soberbo, que havia de ter, o colo de leite, os cabelos postos em bandós, à maneira do tempo, e os brilhantes, menos luzidios que os olhos dela... Via-a assim, e doía-me que a vissem os outros. Depois, começava a despi-la, a pôr de lado as joias e sedas, a despenteá-la com minhas mãos sôfregas e lascivas, a torná-la – não sei se mais bela, se mais natural – **a, torná-la minha, somente minha, unicamente minha** (MP, p.152, grifo nosso).

Pertinentes ao contexto histórico-social no qual estão inseridas, as ideias de dominação e utilitarismo sobre a figura feminina – fixadas na repetição, do pronome "minha", no discurso do defunto autor – estarão representados no relato memorial ainda, por mulheres da classe inferior que se configuram para Brás igualmente como instrumentos de prazer sexual[105] e objetos de servidão.

---

[104] "Não escaparíamos talvez", diz Virgília a Brás quando este propõe que ela fuja de Lobo Neves. E continua "ele iria ter comigo e matava-me do mesmo modo" (MP, p.150).

[105] Vale ressaltar que no contexto familiar, Tio João, o militar, serve a Brás como modelo no que se refere ao tratamento com as mulheres, já que este oportuniza a iniciação sexual do protagonista: "A meio do caminho, chamaram-lhe 'linda Marcela', lembrou-me que ouvira tal nome a meu tio João, e fiquei, confesso que fiquei tonto. Três dias depois perguntou-me meu tio, em segredo, se queria ir a uma ceia de moças, nos Cajueiros. Fomos; era em casa de Marcela. O Xavier, com todos os seus tubérculos, presidia ao banquete noturno, em que eu pouco ou nada comi, porque só tinha olhos para a dona da casa. Que gentil que estava a espanhola! Havia mais uma meia dúzia de mulheres – todas de partido – e bonitas, cheias de graça, mas a espanhola..." (MP, p.74).

Se a prostituta Marcela, por exemplo, lhe empresta favores sexuais em troca de joias – "Marcela amou-me durante quinze meses e onze contos de réis" (MP, p.79) –, D. Plácida, representante da mulher livre, pobre e sem marido, lhe vende a moralidade acobertando seu romance adúltero com Virgília, para fugir à pobreza e não morrer na indigência.

É possível dizer que a protegida de Virgília, – "Este anjinho [Virgília] é que nunca se esqueceu da velha Plácida". (MP, p.205) – nas memórias do defunto autor, expressa como nenhuma outra mulher a dependência e a exploração pelo homem.

Tendo casado com um alfaiate que logo depois morrera tísico, trabalhava de sol a sol, "queimando os dedos no fogão, e os olhos ao candeeiro, para comer e não cair" (MP, p.165) e sustentar sua filha e a mãe idosa. Esta última recriminava D. Plácida dia após dia por recusar propostas de casamento, o que na situação das três mulheres sozinhas significava se negar a ascender socialmente ou quando menos melhorar a vida miserável que levavam – "Queres ser melhor do que eu? Não sei donde te vem essas fidúcias de pessoa rica. Minha camarada, a vida não se arranja à toa; não se come vento. [...] Esperas algum fidalgo, não é?" (MP, p.165).

Brás conhece D. Plácida quando Virgília a leva para morar na casinha de Gamboa onde o casal realizará seus encontros adúlteros. Para cativar a mulher que se sentia contrariada por haver se tornado mediadora do adultério e fazer com que ela ceda moralmente, o protagonista lhe dá os cinco contos de réis que, em certa oportunidade, havia achado na rua:

> Não fui ingrato; fiz-lhe um pecúlio de cinco contos – os cinco contos achados em Botafogo –, como um pão para a velhice. Dona Plácida agradeceu-me com lágrimas nos olhos, e nunca mais deixou de rezar por mim, todas as noites, diante de uma imagem da Virgem que tinha no quarto. **Foi assim que lhe acabou o nojo** (MP, p.161, grifo nosso).

Tempos depois de desfeito o caso com Virgília, esta, por meio de um bilhete, pede a Brás que socorra D. Plácida que está doente e a leve à Casa de Misericórdia para que a velha morra com alguma dignidade. Aborrecido, Brás Cubas, cinicamente acusa a mulher de ter esbanjado o dinheiro que ele lhe dera – "Naturalmente botou-os fora, comeu-os em grandes festas" (MP, p.247) – a verdade, porém, é que um homem prometendo amor à pobre velha havia roubado todos os seus recursos deixando-a novamente na miséria[106].

Sofrendo, assim como D. Plácida, as dificuldades das classes menos favorecidas, as outras mulheres pobres rememoradas dependem da figura masculina como mediadora de estabilidade e ascensão social. Eulália vê em Brás a possibilidade de tornar-se uma dama da elite – "a vida elegante e polida atraía-a" (MP, p.227) –, e este por sua vez a coloca em seus planos para atender a convenção social de ser um político casado – "a noiva e o parlamento são a mesma coisa" (MP, p.102) – e ao desejo de ter um filho. Eugênia, cortejada por capricho e logo em seguida desprezada, acaba na miséria devido ao seu defeito físico e sua condição de filha bastarda – [Brás fugira ao] "terror de vir amar deveras, e desposá-la. Uma mulher coxa!" (MP, p.112).

Apesar das experiências singulares e das preocupações díspares – enquanto umas buscavam maior autonomia e independência, para outras a questão fundamental era apenas sobreviver – a mãe de Brás, Sabina, Virgília, Marcela, Eugênia, Eulália, D. Plácida tinham em comum o fato de serem discriminadas tanto pela ciência que justificava o tratamento de inferioridade feminina a partir do tamanho do cérebro[107], quanto pela lei que

---

[106] "Quanto aos cinco contos, não vale a pena dizer que um carteiro da vizinhança fingiu-se enamorado de dona Plácida, logrou espetar-lhe os sentidos, ou a vaidade, e casou com ela; no fim de alguns meses inventou um negócio, vendeu as apólices e fugiu com o dinheiro" (MP, p.248).
[107] "Tobias Barreto desafiara publicamente os que afirmavam a inferioridade e incapacidade da mulher de adquirir uma educação superior. O fato ocorreu na Assembléia Provincial de Recife, em 1879, durante um debate a propósito de uma petição de subsídios para enviar uma moça aos Estados Unidos, onde iria estudar medicina. A oposição baseou seus argumentos no tamanho menor do cérebro das mulheres, o que na sua opinião lhes conferia menor inteligência – tese muito em moda naquela época. Tobias Barreto aproveitou a ocasião para refutar a teoria e defender a educação da mulher. 'É possível', disse ele, 'que se compararmos as qualidades do

dava aos homens o controle legal sobre seu patrimônio – como bem exemplifica o caso de D. Plácida. "Todas eram vítimas de preconceitos masculinos e de um sistema duplo de valores que subordinava a mulher ao marido e ao pai [...] que condenava a mulher e absolvia o homem em caso de adultério, que exigia da mulher a virgindade e valorizava a promiscuidade no homem" (COSTA, 2007, p.514).

Atualizadas pelos óculos masculinos[108] do defunto autor que justifica sua condição superior e sua postura de exploração perante as mulheres ao dizer **"eu não sou cínico, eu fui homem"** (MP, p.111, grifo nosso), como se a condição masculina lhe desse por si só o direito de sobrepujá-las, as memórias suprimem toda e qualquer menção valorativa à figura feminina, apenas a mãe de Brás parece ser virtuosa, isto porque era fraca, caseira, crédula, de pouca inteligência e submissa.

3.3 EDUCAÇÃO: O MESTRE DAS PRIMEIRAS LETRAS E A MESTRA DAS ÚLTIMAS LETRAS

Encerrada as atualizações a respeito do círculo vicioso no qual se deu sua primeira infância, Brás defunto, no capítulo XIII propõe um salto por cima da escola, – "Unamos agora os pés e demos um salto por cima da escola, a

---

homem e da mulher, descobriremos que o homem é mais desenvolvido, mas a diferença pode ser atribuída à educação. Tomamos como um efeito da natureza o que é resultado da sociedade'. Em apoio a seu argumento mencionou mulheres notáveis desde a Antiguidade e concluiu sua peroração sob os aplausos da assembléia, dizendo que a maior parte dos males que afetavam o país decorria da falta de cultura e desenvolvimento intelectual da mulher. Apesar de ser a favor da educação das mulheres deixou claro que não era a favor da concessão de direitos iguais a elas, nem de sua emancipação, para a qual, no seu dizer, elas não estavam preparadas. Não desejaria vê-las, disse ele, deputadas ou presidentes de província" (COSTA, 2007, p.520-521).
[108] "Limpa os óculos – que isso às vezes é dos óculos" (MP, p.112), diz Brás ao leitor que possivelmente se revoltaria ao ver como ele se aproveitava da inocência de Eugênia – a menina manca.

enfadonha escola" (MP, p.71) – o avanço cronológico, porém, não impede que sejam rememoradas as peculiaridades do seu cotidiano escolar.

Anterior a todas as iniciativas educacionais que se desenvolveriam no Brasil pós Independência, sua educação formal está situada num período conturbado em que o ensino primário passava das mãos eclesiásticas[109] às mãos seculares. Deste contexto, em que se o mestre já não é mais um jesuíta, a palmatória continua a mesma, o defunto faz emergir as condições educacionais da época, relatando "os ralhos, os castigos, as lições árduas e longas", a "pesada palmatória", as "diabruras" dos meninos e a mediocridade do professor seu "velho mestre, ossudo e calvo". (MP, p.70-71) – inferioridade condensada no nome "Ludgero Barata" –, e assinalando a precariedade do estabelecimento no qual se ministravam as aulas.

Apesar da vinda da corte portuguesa para o Brasil, haviam sido escassas as iniciativas no que se refere à educação da antiga colônia – em 1809, D. João VI havia designado a Mesa do Desembargo do Paço de dirigir os estudos primários e as próprias escolas, e em 1816 criara o cargo de diretor geral dos estudos – e as regulamentações efetivas no que se refere ao campo educacional seriam propostas mais tarde pela Constituição outorgada por D. Pedro I em 25 de março de 1824:

> [...] no que se refere à matéria educacional, esta foi tratada no último artigo do último título do texto constitucional. O famoso artigo 179 em seu inciso XXXII, [...] prescreve que "a instrução primária é gratuita a todos os cidadãos". Já o inciso XXXIII se compromete com a abertura de "Collegios" e Universidades onde seriam ensinados os "elementos das Sciencias, Bellas Letras e Artes". Com esses dispositivos, o Estado assume o princípio da gratuidade para o ensino elementar, ao mesmo tempo em que assinala sua disposição em organizar uma malha de instrução secundária e superior. Quem deveria frequentar estes cursos, ensinar, os saberes a serem propagados, as condições de funcionamento da organização escolar e do fazer de mestres e mestras em todos os níveis foram objeto de preocupação de uma legislação específica e separada (GONDRA; SCHUELER, 2008, p.52).

---

[109] Devido à abolição da instrução primária proporcionada pelos jesuítas (RIOS FILHO, 2000).

Situado no contexto de uma recente ex-colônia, o artigo podia ser considerado um avanço social tanto pela proposta de gratuidade do ensino primário quanto pela popularização do ensino que seria estendido a todos os cidadãos. Contudo, não seria demasiado ingênuo lembrar a enorme distância entre o texto da lei e a sua execução. Havia a necessidade de solucionar questões como a regulamentação de quem poderia ser considerado cidadão brasileiro[110] e que, portanto, seria beneficiado. Mas as dificuldades não terminavam neste ponto.

Estando ampla e longamente vinculada à Companhia de Jesus com seu singular método educacional de castigos e uniformização e a sua suntuosa estrutura física[111] – em colégios internos através de padres-mestres, ou ainda por meio de preceptores eclesiásticos que se havia educado os filhos dos senhores de engenho e dos ricos negociantes –, uma educação no Brasil que se propusesse laica, enfrentaria toda sorte de problemas:

> **Não havia edifícios escolares. As aulas funcionavam em qualquer casa alugada pelo Governo**. O material escolar tinha sido e continuava a ser quase nulo. Não havia método de ensino, e muito menos, quadros negros, mapas, quadros murais; nem papel e lápis. Se alguma coisa dessas existia, era porque o professor a tinha adquirido. [...] **havia muitos castigos: ficar em pé, voltado ao encontro da parede; receber dúzias de bolos de pesadas palmatórias; *entrar* na vara de marmelo; e enfiar na cabeça um gorro com orelhas: cabeça de burro**. Os professores eram geralmente improvisados e, como tais, não sabiam do empirismo da sua própria formação. Para o mister de ensinar servia qualquer pessoa [...] **os**

---

[110] Como se verá adiante a composição desse conceito, no século XIX, implicava tanto condições financeiras quanto raciais.

[111] Em *Sobrados e Mucambos*, Gilberto Freyre (2002, p. 100-103) relata a imponência da estrutura física dos colégios jesuíticos brasileiros: "O colégio de padres, quase sempre sobradão enorme, é um dos edifícios que marcam na paisagem social do Brasil, a partir do século XVIII, a decadência do patriarcado todo poderoso da casa-grande. [...] Na arquitetura escolar parece ter-se antecipado entre nós a arquitetura urbana mais grandiosa que não foi assim a propriamente eclesiástica – catedral ou igreja – nem puramente civil: as casas de governo, as casas de Câmara, as casas chamadas de função. Nem mesmo os grandes sobrados dos ricos. Os colégios de padres, como o da Bahia, com seus cubículos para 80 religiosos, seus dormitórios para 200 meninos, foram talvez as massas mais imponentes de edificação urbana no Brasil dos primeiros séculos coloniais. Urbana e talássica". Além disso, acentua também que a "pedagogia sádica" que era exercida dentro da casa-grande fora transplantada para esses colégios: "Os pais autorizavam mestres e padres a exercerem sobre os meninos o poder patriarcal de castigá-los à vara de marmelo e à palmatória.

professores não gozavam de conceito social, nem possuíam garantias, sendo [...] miseravelmente remunerados (RIOS FILHO, 2000, p.395, grifo nosso).

Em sua descrição sobre a situação do ensino primário da época, Rios Filho (2000) apresenta características que se assemelham àquelas rememoradas pelo defunto autor: a precariedade dos prédios escolares – "uma casinha da rua do Piolho" (MP, 71) –, dos métodos de disciplinamento e dos docentes. Porém, é certo que na atualização perspectívica do memorialista, os sentimentos vivenciados pelo menino Brás Cubas se mesclam à visão crítica do defunto autor e este último segue mais atento às questões individuais do que às sociais.

Quando registra a mediocridade de Ludgero Barata[112], descrevendo-lhe caricaturalmente e relatando as maldades que os garotos lhe faziam, ou seja, quando expõe seus sentimentos de criança, as ofensas assumem muito mais um tom vingativo do que de uma criticidade acerca da situação educacional apesar de esta emergir naturalmente nas entrelinhas de seu relato memorial.

Todavia, o distanciamento temporal lhe faz refletir acerca dos ensinamentos oferecidos pelo professor e consequentemente pelo ensino formal, e a partir disso pode-se afirmar que parte do desdém por esse cotidiano escolar que o defunto prefere "saltar", relaciona-se com a sua visão de que enfim tudo aquilo que aprendera era irrelevante, se comparado com os ensinamentos da vida[113] – a mestra das últimas letras:

---

[112] Na leitura marxista de Schwarz (1990 p.98-99), o desprezo legado ao professor seria reflexo do conceito de que uma vida de trabalho humilde e honrado não colhe reconhecimento nenhum ao passo que aquele não trabalha, como era o caso de Quincas Borba (na época em que se torna andarilho), merece repreensão moral: "[...] a dignidade que Brás não reconhece ao trabalhador, ele a exige do vadio. Nos dois casos trata-se para ele de ficar por cima, ou, mais exatamente, de ficar desobrigado diante da pobreza. Não deve nada a quem trabalhou, mas quem não trabalhou não tem direito a nada (salvo à reprovação moral). Segundo a conveniência, valem a norma burguesa ou o desprezo por ela.

[113] Esta concepção explica também o comportamento que Brás apresenta ao longo dos anos em que cursa Direito em Coimbra preferindo os ensinamentos da vida aos acadêmicos: "A universidade esperava-me com matérias árduas; estudei-as muito mediocremente, e nem por isso perdi o grau de bacharel. [...] Tinha eu conquistado em Coimbra uma grande nomeada de folião; era um acadêmico estroina, superficial, tumultuário e petulante, dado às aventuras, fazendo romantismo prático e liberalismo teórico, vivendo na pura fé dos olhos pretos e das constituições escritas" (MP, p.88).

Que querias tu, afinal meu velho mestre de primeiras letras? Lição de cor e compostura na aula; nada mais, nada menos do que quer a vida, que é a mestra das últimas letras; com a diferença que tu, se me metias medo, nunca me meteste zanga (MP, p.71).

Ciente de seu "gênio indócil" e "espírito robusto" (MP, p.63), Brás defunto zomba dos castigos físicos recebidos na infância e adolescência ao adjetivar de "benta", a palmatória que lhe causara tanto medo – "palmatória tão praguejada dos modernos[114]" (MP, 71) –, pois diz que talvez fosse melhor que esta tivesse lhe freado a má índole.

Assim como os pais e os familiares, os métodos de disciplinamento por meio dos castigos físicos aplicados pela escola – a palmatória havia sido seu *compelle intrare*[115] – também não haviam contribuído para que sua alma permanecesse "imberbe" (MP, p.71) e ignorante, pelo menos dos vícios do mundo; a violência tampouco conseguiu educá-lo, ou melhor, conter seus instintos. Somente a vida – a mestra das últimas letras – trazendo-lhe contrariedades, lhe causaria "zanga" e lhe ensinaria algo relevante[116].

3.4 ESCRAVIDÃO: BASE SOCIAL E PERPETUAÇÃO DO PODER SENHORIAL

Nas atualizações do defunto autor, a abordagem do tema escravidão assume a importância dos fatos cotidianos, ou seja, é tratada como algo

---

[114] É possível que "os modernos" a quem se refere o defunto autor sejam os positivistas já que no Brasil da segunda metade do século XIX, os ideais desta doutrina encontrara nos estabelecimentos de ensino, sua maior ressonância. Segundo Tambara (2006, p.170), "provavelmente isto se deva a um processo de reação ao tipo de educação predominante, com características jesuíticas, com a qual os positivistas sempre procuraram marcar diferença".

[115] "*Compelle intrare*: 'Obrigue-os a entrar'. A doutrina de Santo Agostinho do *compelle intrare* sempre foi usada pela Igreja como a justificação do uso da violência para alcançar os seus fins: durante mais de mil anos serviu às cruzadas, à Inquisição e a todas as perseguições (MÓDULO, 2008).

[116] No contexto da obra, é possível dizer que o grande ensinamento que a vida – sua única mestra disciplinadora – lhe transmitiu está condensado no capítulo CLX - "Das Negativas" - no qual Brás declara que o ser humano é uma criatura miserável.

corriqueiro e, por isso, aparentemente irrelevante. Esse desdém do corriqueiro com que o tema aparece nas narrativas configura-se como o melhor memorial acerca da escravidão que Brás defunto poderia realizar em seu relato, pois reflete nada mais do que o próprio olhar que sua classe beneficiada pela economia de base escravocrata tinha a respeito desta questão.

A primeira aparição do elemento escravo no relato memorial ocorre, como não poderia deixar de ser, ainda na infância, pois nesse período da vida de Brás, os escravos de dentro da casa estão à maneira da época, permeando seu cotidiano – "Só só, Nhonhô, só só, dizia-me a mucama. E eu, atraído pelo chocalho de lata, que minha mãe agitava diante de mim, lá ia para a frente, cai aqui, cai acolá; e andava, provavelmente mal, mas andava, e fiquei andando" (MP, p.62). É também na infância, que a violência contra os escravos, – nesse momento de sua trajetória, mascarada como simples travessura[117] daquele que recebera por seu gênio a alcunha de "menino diabo" – aparece pela primeira vez nas memórias:

> [...] um dia quebrei a cabeça de uma escrava, porque me negara uma colher do doce-de-coco que estava fazendo [...] Prudêncio, um moleque de casa, era o meu cavalo de todos os dias; punha as mãos no chão, recebia um cordel nos queixos, à guisa de freio, eu trepava-lhe ao dorso, com uma varinha na mão, fustigava-o, dava mil voltas a um e outro lado, e ele obedecia – algumas vezes gemendo – mas, obedecia sem dizer palavra, ou quando muito, um "ai Nhonhô!", ao que eu retorquia: "Cala a boca, besta!" (MP, p.62).

Relidas pelo defunto autor como traquinagens infantis, essas ações sintetizam os parâmetros de como se davam as relações entre escravo e senhor que Brás vulgarmente registrará em suas memórias – uma relação de

---

[117] Para Major Neto (2009, p.255), "como elemento recalcado, o sistema escravocrata se constitui na matéria bruta do processo literário machadiano. A escravidão é o elo de todos os comportamentos nacionais e está na base de fenômenos aparentemente díspares: o sadismo, a malandragem, a volubilidade, o autoritarismo, a tendência à conciliação". Esse fato explicaria porque a violência contra os escravos, nesta passagem das *Memórias Póstumas*, é retratada por Brás Cubas como algo intrínseco do seu comportamento infantil.

subserviência em que o primeiro, mercadoria de grande valor deve servir ao segundo que, para usufruir ao máximo de seus direitos, pode entre outras coisas, valer-se da violência por meio do castigo físico.

Dentre as possibilidades de exploração escrava, tampouco foge à percepção do memorialista o usufruto sexual que os senhores faziam de suas escravas. Este aparece representado por uma discreta passagem na qual caracteriza a personalidade de seu tio João – militar a quem admirava, justamente por lhe contar anedotas repletas de "obscenidades e imundícies" (MP, p.64). Brás fala da relação do tio com as escravas, dizendo que não raras vezes o havia encontrado, no fundo da chácara, falando pilheriais às negras, enquanto as "assistia" lavar roupa com uma tanga presa no ventre, a arregaçar-lhes um palmo do vestido.

Analogamente aos episódios com a escrava que levara pancada na cabeça e com o moleque Prudêncio que lhe servia como cavalo, a falta de julgamento ou reflexão do defunto autor acerca do fato de seu tio bulir com as escravas revela justamente a trivialidade do episódio ao passo que confirma a noção de sua classe sobre os direitos adquiridos sobre a mercadoria, no caso o escravo. Essa noção enraizava-se numa sociedade em que as diferenças e hierarquias presentes encontravam-se bem demarcadas:

> Para as elites, os homens livres pobres e os escravos deveriam conhecer seu lugar e, mais importante, deveriam se manter nele, aceitando, sem contestação, os limites estabelecidos. Qualquer tentativa de violação dessa regra, considerada sagrada, traria graves prejuízos à ordem e ao equilíbrio da "boa sociedade" (VALLADARES, 2009, p.138).

Apesar da concepção vigente, e todos os esforços que haviam sido feitos, principalmente, durante o período regencial, para a manutenção do poder das elites locais, o século XIX descortinaria uma progressiva lassidão dessa ordem social da qual o primeiro passo foi, pelo menos em tese, a extinção do tráfico negreiro.

Em 1807, ao suspender o tráfico negreiro para as suas colônias, a Inglaterra passou a pressionar outros países para que também o fizessem. Assim, mantendo estreitas relações com a Inglaterra, D. João VI, na época príncipe regente, concordou em 1810 na restrição do tráfico para as colônias portuguesas. O cerco contra o tráfico, porém, agravou-se cada vez mais depois que em 1815, durante o Congresso de Viena, os ingleses conseguiram aprovar uma medida que proibia o comércio negreiro em todo o Hemisfério Norte e depois em 1817, quando obtiveram autorização para inspecionar navios em alto-mar a fim de inibir o tráfico.

As primeiras tensões causadas pela restrição do tráfico por D. João VI em 1810, podem ser verificadas num comentário que o defunto faz sobre uma conversa entre dois homens, à primeira vista simplesmente para complementar o cenário do jantar que seu pai em 1814 havia dado para comemorar a derrocada de Napoleão:

> Um sujeito, ao pé de mim, dava a outro notícia recente dos negros novos, que estavam a vir, segundo cartas que recebera de Luanda, uma carta em que o sobrinho lhe dizia ter já negociado cerca de quarenta cabeças, e outra carta em que... Trazia-as justamente na algibeira, mas não as podia ler naquela ocasião. O que afiançava é que podíamos contar, só nessa viagem, uns cento e vinte negros, pelo menos (MP, p.68).

Ainda que estivesse em casa de comerciantes de escravos, o informante dignava-se apenas a informar o essencial, ou seja, assegurar que os negros para serem negociados chegariam, mas o faz com a maior discrição possível, por isso não podia ler as cartas naquela ocasião. Provavelmente, dentre os convidados de Bento Cubas, o juiz de fora e outras autoridades, haveria alguém que, pelo menos em tese, não deveria saber da chegada do navio, fato do qual se conclui que a atividade vivia dias de restrição.

Apesar da atuação inglesa, as medidas de repressão ao tráfico não encontravam no Brasil muitos simpatizantes. É importante lembrar que além de ser uma atividade altamente lucrativa, o tráfico era visto como fundamental para a economia do país[118]. Também, para as elites era imprescindível, como já foi dito, que continuasse sendo perpetuada uma determinada ordem social que se apoiava no sistema escravocrata.

Após a Independência, para ter sua autonomia reconhecida pela Inglaterra, o Brasil foi obrigado, em 1827, a firmar um acordo no qual se comprometia, no final de três anos, extinguir o tráfico. Dessa forma, sob coação inglesa é que em 1831 aprovava-se uma lei na qual se previa não apenas a extinção do comércio negreiro, mas a punição severa dos comerciantes que insistissem em seguir com a atividade, bem como a declaração de que seriam considerados livres todos os negros traficados que a partir daquela data chegassem da África.

A lei, entretanto, mais uma vez ficou apenas no papel, já que os regentes, atendendo os interesses dos grandes proprietários não se esforçaram para a sua aplicação e mesmo após a aprovação da Lei Eusébio de Queirós, em 1850, o tráfico ainda daria sinais de resistência, ainda que mínima, durante algum tempo.

Os interessados no negócio do tráfico, de acordo com Holanda (1995, p.75), haviam se organizado de modo a garantir a continuidade de suas atividades e entre os métodos empregados estavam desde o desenvolvimento de sinais e avisos costeiros que pudessem indicar a aproximação dos navios negreiros até a subvenção de jornais e o suborno de funcionários.

O próprio Brás Cubas faz menção à corrupção que havia nos portos ao relatar que, sendo então deputado, havia feito a Contrim verdadeiros obséquios obtendo-lhe "uns fornecimentos para o arsenal da marinha, fornecimentos que o cunhado continuava a fazer com a maior pontualidade", e que por sinal eram muito lucrativos, pois "no fim de mais de três anos, podiam dar-lhe uns duzentos contos" (MP, p.251-252).

---

[118] Quando D. Pedro I proclamou a Independência, entravam quase 40 mil escravos anualmente no país (VALLADARES, 2009).

96

Diferentemente de 1810 e 1827, a aplicação efetiva da lei de 1850 fez com que pouco tempo depois fosse reduzido drasticamente o número de africanos a desembarcar no Brasil. Para isso, contribuiu substancialmente a repressão dos ingleses que chegavam a apreender navios negreiros já nos portos do Império. Essa intervenção, que não raramente dava-se de maneira violenta, foi usada, pelos interessados na manutenção do sistema então vigente, como argumento para suscitar no povo um sentimento de nacionalidade e consequente rejeição inglesa.

Em suas memórias, a caracterização que Brás faz de Damasceno, pai de sua noiva Nhã-Loló, cumpre o papel de registrar a exaltação daqueles que, se firmando como patriotas, defendiam o desenvolvimento do tráfico dos africanos e a expulsão dos ingleses:

> Que os levasse o diabo os ingleses! Isto não ficava direito sem irem todos eles barra fora. Que é que a Inglaterra podia fazer-nos? Se ele encontrasse algumas pessoas de boa vontade, era obra de uma noite a expulsão dos tais *godemes*[119]. Graças a Deus, tinha patriotismo – e batia no peito –, o que não admirava porque era de família; descendia de um antigo capitão-mor muito patriota (MP, p.192).

O absoluto silêncio de Brás perante a exposição inflamada do cunhado de Contrim pode ser igualmente entendida aqui – de maneira análoga ao episódio do tio com as lavadeiras ou da violência contra os escravos na sua infância – como um consentimento mais que natural de sua própria classe. Vivendo também Brás, do comércio de negros[120], obviamente não lhe interessava a intervenção inglesa, e neste sentido, é importante que se frise que sua concordância com Damasceno nada tem a ver com patriotismo.

---

[119] Alcunha pejorativa dada aos ingleses.
[120] "Como parecia típico às classes proprietárias da Corte no período, os Cubas viviam fundamentalmente da renda obtida por meio do aluguel de escravos e imóveis. Tal informação não aparece de forma direta – talvez fosse algo óbvio demais para os leitores do tempo –, mas vemos os herdeiros a discutir asperamente o preço de casas e cativos, em meio a quizilas e outras sobre quem ficaria com a carruagem, a prataria e trastes diversos" (CHALHOUB, 2003, p.104).

De qualquer modo, o certo é que adepto ou não das mudanças na estrutura escravocrata a qual lhe garantira privilégios durante toda sua vida, Brás defunto narra esporadicamente, e como foi dito, com aparente desdém, episódios que se centram nesse tema. A escravidão não era para ele nada além de um lucrativo negócio – que segundo sua formação liberal era legitimada pelo direito de propriedade – e todos os comportamentos e sucessos que nela se enraizavam, eram apenas peculiaridades advindas das relações sociais que a estrutura escravocrata proporcionara, por isso nem a ele, nem aos outros o discurso pseudo-humanitário inglês comovia.

É a partir desta ótica das relações sociais que Brás justifica a violência com a qual Contrim tratava seus escravos. As ações do cunhado, nada mais eram que necessidades advindas do próprio negócio. Para manter a lucratividade do comércio era preciso saber lidar com os escravos mais rebeldes:

> Como era muito seco de maneiras tinha inimigos, que chegavam a acusá-lo de bárbaro. O único fato alegado neste particular era o de mandar com freqüência escravos ao calabouço, donde eles desciam a escorrer sangue; mas, além de que ele só mandava os perversos e fujões, ocorre que, tendo longamente contrabandeado em escravos, habituara-se de certo modo ao trato um pouco mais duro que esse gênero de negócio requeria, e não se pode atribuir à índole original de um homem o que é puro efeito das relações sociais (MP, p.227).

Será também segundo esta concepção que o defunto explicará a cena que presencia na rua, no único capítulo de suas memórias dedicado exclusivamente a tematizar a escravidão: trata-se do capítulo LXVIII, intitulado "O Vergalho".

Nesse capítulo, do mesmo modo com que o faz em outras passagens das memórias, o tema da escravidão emerge do trivial. Brás caminhando pela rua é de repente atraído por um ajuntamento de pessoas que assistiam um negro chicoteando outro em praça pública. Para seu espanto, o algoz era justamente o moleque Prudêncio – o cavalo da infância – que seu pai, antes de morrer havia alforriado:

> Cheguei-me; ele [Prudêncio] deteve-se logo e pediu-me a bênção; perguntei-lhe se aquele preto era escravo dele.
> - É, sim, Nhonhô.
> - Fez-te alguma coisa?
> - É um vadio e um bêbado muito grande. Ainda hoje deixei ele na quitanda, enquanto eu ia lá embaixo na cidade, e ele deixou a quitanda para ir na venda beber.
> - Está bom, perdoa-lhe, disse eu.
> - Pois não, Nhonhô manda, não pede. Entra para casa, bêbado!
> Saí do grupo, que me olhava espantado e cochichava as suas conjeturas (MP, p.159).

O capítulo finaliza-se com a reflexão de Brás Cubas acerca de quais seriam as reais motivações de Prudêncio para vergalhar seu escravo em praça pública. O defunto dissimula dizendo que achou, num primeiro momento, o episódio torvo, mas que depois este lhe pareceu "gaiato, fino e até profundo" (MP, p.159); e por esta consideração faz crer que suas deduções sobre a ação do escravo liberto são autênticas.

De acordo com o defunto – assim como justifica as atitudes de Contrim – essa ação teria sido provocada como uma consequência das próprias relações sociais: Prudêncio simplesmente transmitira ao outro as pancadas que dele recebera na infância – "comprou um escravo, e ia-lhe pagando, com alto juro, as quantias que de mim recebera" (MP p.159). Essa conclusão, não sendo de fato uma inverdade, de certa forma suprime outras deduções relevantes. Seria apenas essa a explicação para a atitude de Prudêncio?

No contexto da segunda metade do século XIX, é possível afirmar que adquirir um escravo, ou seja, demonstrar poder de compra – direito de propriedade –e açoitá-lo por sua "desobediência", isto é, equiparar-se ao poder moral do antigo senhorio, era uma forma, entre outras, de caracterizar-se como liberto já que sendo negro ainda não era possível naquele momento consolidar-se como "cidadão brasileiro".

Ao contrário do que se poderia imaginar, após a extinção definitiva do tráfico negreiro, num momento de escassez de mão-de-obra, as alforrias foram aumentando gradualmente, no Império. Esse fato gerava um problema

99

para a ordem social que até então estava demarcada, sobretudo, por diferenças raciais. Neste quadro, os livres eram compostos de brancos e pardos, mas com aumento de alforriados, aos poucos o patamar de classes dissolvia-se pela inserção de negros entre os homens livres.

Havia uma legislação especial para os escravos e libertos[121], mas aos últimos o que interessava de fato era perder o estigma do cativeiro, ou seja, "deixar de ser reconhecido não só como liberto (categoria necessariamente provisória), mas como 'preto' ou 'negro', até então sinônimo de *escravo* ou *ex-escravo* e, portanto, referentes ao seu caráter de não-cidadãos" (CASTRO, 1997, p.375).

Se por um lado a progressiva lassidão da ordem social vigente esfacelava-se diante do aumento de libertos, por outro a alforria havia sido usada por muitos senhores como estratégia para manter cativos nas fazendas, ou ainda para a manutenção de servos leais que permanecessem ao seu redor presos por laços familiares – às vezes porque tinham parentes cativos – e por sentimento de gratidão.

A necessidade da comercialização interna de escravos, após 1850, fez com que os senhores buscassem outras formas de afirmar seu poder. Diferentemente daqueles chegados da África, os cativos do Brasil haviam já estabelecido a noção de um "cativeiro justo" ou de um "bom senhor" (CASTRO, 1997, p.356), isto é, sabiam os limites da jornada de trabalho e também das leis internas que regiam o castigo por desobediência. Aliado a esse contexto, a alforria foi assim nada mais que uma maneira de legitimar o

---

[121] "A cidadania, reclamada para os libertos por lideranças abolicionistas no Parlamento, por parte do pensamento jurídico ou pelos poetas anônimos nos jornais, era, apesar de tudo, mais que um exercício de retórica. Era mesmo uma questão já antiga, que acompanhara a política de emancipação gradual, levada a cabo pelo governo até 1888. Nesta, em 1871 como em 1885, os libertos ficavam sujeitos a uma legislação de exceção, especialmente no que se referia à obrigatoriedade de fazer contrato de trabalho, que continuava a distingui-los dos nascidos livres, os 'cidadãos brasileiros'. Os direitos de cidadania dos libertos dividiram a consciência jurídica da época. Em nome do direito de propriedade, admitia-se uma legislação especial para os escravos. Concomitantemente, reconhecia-se uma série de direitos civis aos homens livres (os cidadãos brasileiros). O que fazer em relação à condição civil do liberto?" (CASTRO, 1997, p. 373).

que restava do poder senhorial. Se o escravo podia alcançar a liberdade isso era devido ao seu "bom senhor".

Em suas memórias, Brás Cubas não evidencia quais as reais motivações de Bento Cubas ao libertar o escravo Prudêncio. Informa apenas que o pai o fizera quando questionado por sua irmã Sabina e o cunhado Contrim no momento da partilha da herança, e este último, como um bom comerciante de escravos, irrita-se com a atitude do sogro – "Livre? Como seu pai arranjava estas coisas cá por casa, sem dar parte a ninguém! Está direito. Quanto à prata... creio que não libertou a prata?" (MP, p.126) – supondo perder dinheiro com a liberdade da "mercadoria".

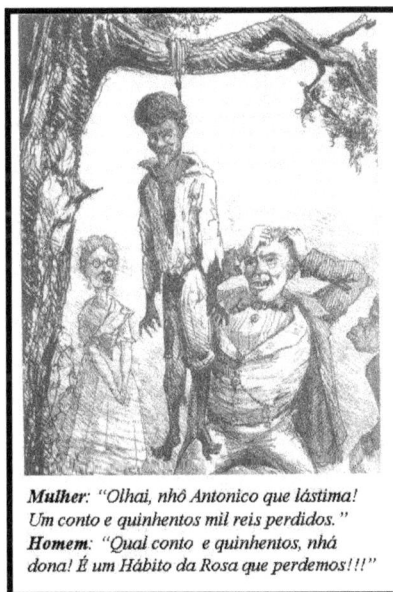

Mulher: "Olhai, nhô Antonico que lástima! Um conto e quinhentos mil reis perdidos."
Homem: "Qual conto e quinhentos, nhá dona! É um Hábito da Rosa que perdemos!!!"

Figura 7: Acima sátira do jornal carioca *O Alerquim* (1867) acerca da postura dos senhores de escravos diante do suicídio daqueles que não aguentavam mais se submeter ao cativeiro. Segundo Castro (1997, p.346), no final do Segundo Reinado, D. Pedro II concedia a Comenda da Rosa aos que emancipassem seus escravos. Poder-se-ia cogitar como sendo esse o motivo de Bento Cubas haver libertado Prudêncio.
Fonte: *O Alerquim* (1867, p.8).

Independentemente do motivo, o fato é que o efeito da liberdade concedida pelo antigo senhor reverberava em Prudêncio ainda como subserviência, por isso, quando Brás o encontra, este lhe beija a mão e obedece-lhe a ordem para deixar de vergalhar seu escravo – "Pois não, Nhonhô manda, não pede" (MP, p.159).

O episódio corriqueiro reafirmava assim a continuidade, agora por outras vias, de uma ordem social na qual o senhor de escravos ainda se encontrava no topo. Brás ao simplificar o episódio presenciado dizendo que agora que Prudêncio era livre, "dispunha de si mesmo, dos braços, das pernas, podia trabalhar, folgar, dormir" por estar "desagrilhoado da antiga condição" (MP, p.159), e transferia a outro escravo as pancadas que havia recebido dele quando eram crianças, não apenas desvia o olhar das motivações reais da ação do moleque ao surrar "a sua propriedade", pois a ideia de equiparação social entre os dois – o ex-escravo como liberto ou ainda como cidadão – parece absurda ao defunto autor, mas também camufla o poder intimidador que ele, o antigo senhor, continua exercendo sobre aquele que mesmo liberto continua sendo seu servo.

3.5 ATUAÇÃO POLÍTICA: SUPRESSÃO DO PÚBLICO PELO PRIVADO

A confluência entre a ordem pública e a ordem privada apresentada no capítulo C – "O caso provável" –, é um caractere de grande relevância, pois explica as regras com as quais se dá o exercício político das personagens rememoradas.

Nesse capítulo, sob o pretexto de noticiar a segunda nomeação de Lobo Neves para a presidência de uma província, – a primeira havia sido recusada devido ao número "13" com o qual vinha datado o decreto[122] – o defunto autor apresenta uma lei que ironicamente diz fazer parte da categoria daquelas cujo rigor científico permite que seja admitida apenas como uma simples probabilidade, um caso provável:

> Um exemplo da segunda classe [das leis prováveis] constitui o presente capítulo, cuja leitura recomendo a todas as pessoas que amam o estudo dos fenômenos sociais. Segundo parece, e não é improvável, existe entre os fatos da vida pública e os da vida particular uma certa ação recíproca, regular, e talvez periódica – ou, para usar de uma imagem, há alguma coisa semelhante às marés da praia do Flamengo e de outras igualmente marulhosas. Com efeito, quando a onda investe a praia, alaga-a muitos palmos adentro; mas essa mesma água torna ao mar, com variável força, e vai engrossar a onda que há de vir, e que terá de tornar como a primeira (MP, p.200).

A incerteza que dissimula ao dizer que lhe "parece", que não é "improvável", que há "certa ação recíproca" entre as duas ordens, logo é desmentida ao considerar-se a própria atividade política de Brás e de outros personagens, pois suas ações partem sempre de seus interesses particulares, submetendo assim aquilo que seria de abrangência pública ao domínio do privado.

Nas *Memórias Póstumas*, esta questão do trato com a política é introduzida pelo episódio que esclarece em quais circunstâncias e com quais propósitos havia sucedido a primeira aproximação entre Brás e Virgília. Bento Cubas, casando-o com a filha do Conselheiro Dutra, conseguiria ao mesmo tempo unir sua família a uma de linhagem nobre e ainda, garantir ao filho uma carreira política já que seu futuro sogro, político influente, lhe abriria as portas.

---

[122] Além da visão crítica sobre a prática religiosa, Brás Cubas defunto, em seu relato memorial presta-se a satirizar ainda a pura superstição, ou seja, àquela simplesmente advinda das crenças populares sem necessariamente um vínculo religioso. É o caso dos capítulos XXXI - "A borboleta preta" - em que Dona Eusébia esconjura uma borboleta escura que adentra a sala de sua casa, e LXXXIII – "13" – no qual Lobo Neves recusa a nomeação de presidente de uma província, pois o decreto havia sido datado no dia 13, número que considerava de azar: "Referiu-lhe que o decreto trazia a data de 13, e que esse número significava para ele uma recordação fúnebre. O pai morreu num dia 13, treze dias depois de um jantar no qual havia treze pessoas. A casa em que morrera a mãe tinha o nº 13" (MP, p.179).

No século XIX, essa forma de ascensão por meio de padrinhos endinheirados – tão comum ainda hoje – reverberava no que diz respeito às questões políticas, tão somente o processo com o qual havia se dado a transposição do poder das elites rurais para o meio urbano. Essas elites acostumadas com a centralização do poder pertinente ao modelo da família patriarcal, transferindo-se para a cidade adaptaram à sua maneira o fazer político.

Com a ascensão de D. Pedro II, os governantes passaram a ser filhos de fazendeiros escravocratas, educados nas profissões liberais. É certo que dentre eles também havia filhos ou netos de "mascates", que por sua formação europeia, igualavam-se a estes últimos, constituindo a mais nova burguesia da cidade.

A formação liberal dos novos políticos, entretanto, não foi suficiente para que se operassem mudanças efetivas e ao ocupar cargos que no passado eram confiados apenas aos velhos de longa experiência, esses jovens, a partir do momento em que detinham o poder, em tudo imitavam seus antecessores. Elegiam-se ou faziam eleger candidatos de seu círculo e por este sistema dominavam os parlamentos, os ministérios, garantindo dessa forma, por sua própria conveniência e interesses pessoais, a estabilidade das instituições que lhes eram caras.

Distante de qualquer pretensão de ingressar na vida pública para manutenção do privilégio de classe, a inclinação política de Brás, também um bacharel da nova burguesia, nasce da inveja[123], pois, como se viu anteriormente, os planos de Bento Cubas de casar seu filho com Virgília são frustrados pela aparição de Lobo Neves que além de casar-se com a pretendida, ingressa na carreira política e, devido às influências de seu

---

[123] É importante lembrar que segundo o Humanitismo a inveja, longe de ser um defeito humano, é parte inerente da composição da teoria do Humanitas. Diz Quincas Borba a Brás Cubas: "Se entendeste bem, facilmente compreenderás que a inveja não é senão uma admiração que luta, e sendo a luta a grande função do gênero humano, todos os sentimentos belicosos são os mais adequados à felicidade. Daí vem que a inveja é uma virtude" (MP, p.220).

sogro, torna-se presidente de província por duas vezes[124]. Diante desses fatos, almejando também ascender na política, mas por pura vaidade, principalmente após a separação de Virgília – que anos mais tarde tornar-se-ia sua amante –, Brás chega a ser deputado[125], mas não consegue eleger-se para o ministério.

Freyre (2002, p.611) registra que, no Brasil imperial, a ascensão do bacharel que não dispunha de protetores políticos para chegar à Câmara ou subir à diplomacia, deu-se não raramente por meio do casamento com uma moça rica ou de família poderosa. É certo, que esses eram pobres, o que não é o caso de Brás Cubas, no entanto, é possível que a falta de apadrinhamento, aliado a sua mediocridade houvesse lhe permitido ascender politicamente apenas até um determinado patamar.

Alcançando em 1855, seus 50 anos, melancólico e mais uma vez enfadado de não ter nada para fazer, o protagonista, incentivado por Quincas Borba, dispõe-se efetivamente a conseguir a pasta ministerial, que até aquele momento havia sido buscada com pouco esforço – "Cortejava a pasta por meio de rapapés, chás, comissões de votos; e a pasta não vinha" (MP, p.239).

Em seu entendimento, o que lhe faltava, simplesmente, era estar em evidência na Câmara. Por isso, buscando camuflar sua incapacidade para a política, Brás elabora um discurso apenas para apoderar-se da tribuna:

---

[124] O registro da ascensão política de Lobo Neves nas *Memórias Póstumas* indica por si só o movimento por meio do qual se deu a transferência de poder no Segundo Reinado. O poder que antes estava nas mãos dos senhores patriarcas de famílias rurais passa às mãos dos genros bacharéis que se tornaram, nas palavras de Freyre (2002 p. 612), "o nervo político da família".

[125] É importante destacar que no Império alcançar a condição de deputado revelava um traço de profunda distinção social, pois a condição de homem livre no Brasil, "não implicava no gozo de todos os direitos de participação na vida política, isto é, votar e ser votado para as Câmaras Municipais, Senado e Assembléias Provinciais e Gerais". Ao lado do rendimento anual mínimo (100 mil réis para votar nas eleições primárias e 200 mil nas eleições provinciais, para Deputado e Senador. Para se candidatar a Deputado, exigia-se o rendimento anual de 400 mil réis e de 800 mil para o Senado), os candidatos também deveriam provar a idade mínima (25 anos para Deputado e 40 anos para Senador) e probidade, isto é, ser uma "pessoa de saber, capacidade e virtude" (GONDRA; SCHUELER, 2008, p.49).

> Comecei devagar. Três dias depois, discutindo-se o orçamento da Justiça, aproveitei o ensejo para perguntar modestamente ao ministro se não julgava útil diminuir a barretina da Guarda Nacional. Não tinha vasto alcance o objeto da pergunta; mas ainda assim demonstrei que não era indigno das cogitações de um homem de Estado [...] O tamanho das nossas barretinas estava pedindo um corte profundo, não só por serem deselegantes, mas também por serem anti-higiênicas. Nas paradas, ao sol, o excesso do calor produzido por elas podia ser fatal. [...] A Câmara e o Governo deviam lembrar-se que a Guarda Nacional era o anteparo da liberdade e da independência, e que o cidadão, chamado a um serviço gratuito, frequente e penoso, tinha direito a que se lhe diminuísse o ônus, decretando um uniforme leve e maneiro. Acrescia que a barretina, por seu peso, abatia a cabeça dos cidadãos, e a pátria precisava de cidadãos cuja fronte pudesse levantar-se altiva e serena diante do poder; e conclui com esta ideia; o chorão, que inclina os seus galhos para a terra, é árvore de cemitério; a palmeira, ereta e firme, é árvore do deserto, das praças e dos jardins (MP, p.239).

Disparatado à primeira vista, por partir de um argumento que até mesmo ao orador parecia insignificante, o discurso de Brás Cubas abrange questões que ameaçavam a ordem do Império e que, por isso, provocaram grande descontentamento nos ouvintes – "vieram dizer-me [após o discurso] que outros me davam já em oposição" (MP, p.240).

A primeira delas[126] diz respeito à saúde pública, mais especificamente ao problema das epidemias que principalmente nos meses de fevereiro e março, os mais quentes na corte, vitimavam indiscriminadamente ricos e pobres. Talvez a maior prova da gravidade da situação na corte era o fato de os próprios herdeiros do império Afonso (1845-7) e Pedro (1848-50) terem sido vitimados pelo ambiente pestilento que se configurava no Rio de Janeiro, o que levou a família imperial a tornar regulares, a partir de 1847, os veraneios em Petrópolis.

Além de considerar o problema dos esgotos e da falta de água potável, uma das hipóteses científicas da época, cogitadas por médicos como o Dr. Joaquim de Aquino Fonseca (1849 apud FREYRE, 2002, p.340-341) era a impropriedade do tipo de vestuário do brasileiro que imitando os hábitos

---

[126] Que será melhor desenvolvida no tópico seguinte.

europeus usava roupas totalmente desarranjadas com o clima[127]. Desse tipo de cogitação é que provinha a contestação de Brás quanto ao vestuário, no caso, o tamanho da barretina.

A segunda questão abordada por Brás – que no discurso é apresentada para creditar a importância de se pensar na saúde dos milicianos – é justamente o papel de mantenedora do poder que, no Império, era exercido pela Guarda Nacional.

A Guarda Nacional havia sido criada em 1831, pelo então ministro da Justiça, padre Diogo Antônio Feijó, como uma alternativa para manter a segurança nacional e assegurar a Regência – "a Guarda Nacional era o anteparo da liberdade e da independência" (MP, p.239) –, já que para os liberais moderados, o Exército era visto como uma ameaça à ordem que então se estabelecia após a abdicação de D. Pedro I.

Controlada majoritariamente por senhores de terras e escravos, a guarda admitia como membros apenas brasileiros com idade entre dezoito e sessenta anos, com renda suficiente para ser eleitor, pois havia a crença de que por terem uma condição econômica superior à da grande população, esses homens teriam interesse em preservar a ordem social e política da nação (VALLADARES, 2009), ou seja, fazer a manutenção do seu próprio poder.

Para um governo falido, como era o brasileiro, na época, a guarda trazia ainda, a vantagem de ser um serviço não remunerado no qual todo fardamento, assim como o equipamento e armamento eram de

---

[127] "Outrora os vestuários – dizia o Dr. Aquino (1849 apud FREYRE, 2002, p.341) – "eram ligeiros e feitos com amplidão; e isto estava inteiramente em harmonia com o clima quente da cidade, e facilitava não só os movimentos respiratórios, e por conseqüência a hematose, como vedava que se estabelecesse a transpiração, evitando por este modo que qualquer viração, tão freqüente aqui, désse causa a sua suppressão, donde resultam males incontestáveis; mas as modas francezas, trazendo a necessidade de arrocho, para que se possam corrigir as formas irregulares de certos indivíduos ou fazer sobresahir as regulares, embaraçam o jogo respiratório das costellas e diaphragma, e influem sobre a hematose; e os panos espessos de lan, reduzindo os vestuários a verdadeiras estufas, tornam os homens sempre dispostos a contrahir affecções do sistema transpiratório, pela suppressão da transpiração, que por muitas vezes e com facilidade tem lograr".

responsabilidade do cidadão que se alistasse – "o cidadão, chamado a um serviço gratuito, freqüente e penoso, tinha direito a que se lhe diminuísse o ônus, decretando um uniforme leve e maneiro" (MP, p.239).

Quando Brás diz que "a barretina, por seu peso, abatia a cabeça dos cidadãos, e a pátria precisava de cidadãos cuja fronte pudesse levantar-se altiva e serena diante do poder" (MP, p.239), embora não tenha tido sua intenção – "repeli energicamente tal interpretação" (MP, p.240) –, os membros da Câmara entendem que, na verdade, Brás incitava por meio de um argumento ordinário o levante da guarda contra o governo vigente – os milicianos deveriam deixar de ser como o chorão, ou seja, reverentes e curvados e tornarem-se palmeiras eretas e firmes.

Como consequência do desastroso discurso que, ao invés de angariar simpatia daqueles que teriam poder para elegê-lo ministro, rendeu-lhe grande número de opositores, Brás escreve um dos capítulos mais representativos, do ponto de vista formal, de suas memórias: "De como não fui ministro d'Estado", cap. CXXXIX, no qual se exime em relatar verbalmente sua decepção, e apenas um conjunto de pontilhados expressa o abatimento que lhe havia causado o acontecido, pois de acordo com o defunto "há coisas que melhor se dizem calando" (MP, p.242).

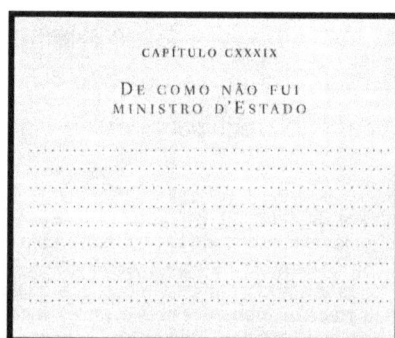

Figura 8: Reprodução do capítulo "De como não fui ministro d'Estado". Por meio de um conjunto de pontilhados o defunto autor se exime de narrar verbalmente sua frustração por não ter alcançado o cargo pretendido.
Fonte: MP (2008a, p.241).

Com o vexame do discurso, Brás é obrigado a encerrar sua carreira política, entretanto, alimentando exclusivamente o desejo de vingança, decide fundar um jornal oposicionista[128] no qual a base do programa era composta pelas ideias do Humanitismo:

> Era a fina flor dos programas; prometia curar a sociedade, destruir os abusos, defender os sãos princípios de liberdade e conservação; fazia um apelo ao comércio e à lavoura; citava Guizot e Ledru-Rollin, e acabava com esta ameaça, que o Quincas Borba achou mesquinha e local: "A nova doutrina que professamos há de inevitavelmente derribar o atual ministério" (MP, p.249).

A par da iniciativa, sua irmã Sabina – como foi registrado anteriormente – e o cunhado Contrim, resolvem dissuadi-lo da ideia de provocar o governo alegando-lhe que nada ganharia com o jornal, a não ser que seus membros lhe vetassem, definitivamente, qualquer chance de ocupar uma cadeira ministerial.

Brás, porém, era motivado única e exclusivamente por uma vontade particular, "mesquinha e local", e a publicação de sua folha nada tinha a ver com o desejo de revolucionar a política – apesar de expor claramente o intuito de derrubar o atual governo. Sua atitude política e seu erudito programa representavam assim, a classe peculiar de bacharéis de sua época: homens de "erudição abstrata", que mais "preocupados com o espírito que com o fundo dos problemas, faziam discursos cheios de citações de estadistas franceses e ingleses" e não se davam ao trabalho de estudar as condições locais e buscar melhorias reais para o Império (AMADO, 1919[129] apud FREYRE, 2002 p.609).

---

[128] Segundo Rios Filho (2000, p.466-467), havia ocorrido após a Independência um aumento extraordinário no número de jornais que no Rio de Janeiro Imperial prestavam-se principalmente a difundir ideologias políticas – cada partido possuía seu jornal. Em 1850, circulavam na corte vinte e sete jornais.
[129] AMADO, Gilberto. **Grão de areia**, Rio de Janeiro, 1919.

No dia seguinte à publicação do primeiro número de seu jornal, Brás lê uma nota em que Contrim, elogiando o atual governo, eximia-se de toda e qualquer responsabilidade acerca das ideias propagadas pelo cunhado:

> [Dizia Contrim:] posto que não militasse em nenhum dos partidos em que se dividia a pátria, acha conveniente deixar bem claro que não tinha influência nem parte direta ou indireta na folha de seu cunhado, o Doutor Brás Cubas, cujas idéias e procedimento político inteiramente reprovava. O atual ministério (como aliás qualquer outro composto de iguais capacidades) parecia-lhe destinado a promover a felicidade pública (MP, p.251).

Chocado ao ler a nota – "Esfreguei-os [os olhos] uma e duas vezes, e reli a declaração inoportuna, insólita e enigmática (MP, p.251)" –, Brás diz não compreender o motivo pelo qual havia sido enxovalhado publicamente pelo cunhado, já que não se recordava de nenhuma desavença entre eles, e inclusive havia lhe feito verdadeiros obséquios quando era deputado.

Ironicamente, ele próprio movido por interesses particulares, não conseguia compreender que Contrim para manter seu prestígio social e regalias, havia superado os laços familiares em favor de si – "Devia ser mui poderoso o motivo da declaração, que o fazia cometer ao mesmo tempo um destempero e uma ingratidão" (MP, p.252).

Destacada do contexto, a atitude de Contrim, também pode ser qualificada como característica peculiar que acompanhou a transformação da política brasileira. Da mesma forma que o poder estava sendo passado das mãos dos patriarcas para as mãos dos bacharéis, houve também um gradativo movimento de individualização em detrimento da concepção de facção a qual vinha dominando o cenário político, o qual seguia o modelo da família patriarcal em que os vínculos biológicos e afetivos, os sentimento e deveres, uniam as famílias (HOLANDA, 1995, p.79), enquanto eram suprimidos os interesses particulares dos indivíduos e suas ideias.

Perante a traição da família e do fechamento do jornal seis meses depois, Brás consola-se com a notícia de que Lobo Neves havia morrido "com o pé na escada ministerial":

> Correu ao menos durante algumas semanas, que ele ia ser ministro; e pois que o boato me encheu de muita irritação e inveja, não é possível que a notícia da morte me deixasse alguma tranqüilidade, alívio, e um ou dois minutos de prazer (MP, p.254).

A morte de Lobo Neves representaria para Brás o fim de toda sua aspiração à carreira política. Eliminado o objeto de inveja ao qual se esforçava para se assemelhar, dissolviam-se também suas convicções políticas. Seu interesse pelas questões públicas, longe de ser um autêntico interesse pelo bem-estar social, não era ao menos motivada – como foi mencionado – pelo desejo de manter um privilégio de classe, era apenas extensão da mesquinhez vivida no plano privado.

3.6 AS MEMÓRIAS SOB O SIGNO DA MORTE

Ao lado das atualizações sobre a condição da mulher, a rememoração dos enfermos – suas respectivas doenças e morte – parece ser o tema mais recorrente no relato de Brás Cubas. Poder-se-ia mesmo afirmar que suas memórias são construídas sob o signo da morte, não apenas por serem póstumas, ou pela presença de um atualizador defunto, mas por estar evidente na própria narrativa a relevância do tema: a dedicatória de sua obra é oferecida ao verme que primeiro roeu a fria carne de seu cadáver e o capítulo que abre suas memórias é justamente aquele em que narra sua própria morte: "Óbito do autor" (MP, p.39).

111

Além disso, Brás faz um verdadeiro inventário de mortos e doentes ao longo de sua trajetória[130]: a mulher tísica do capitão do navio; a mãe que morre de câncer no estômago; o pai cuja doença não é identificada, mas deduz-se pela tosse que seja também tuberculose; Nhã-ló-ló que morrera de febre amarela; Viegas, reumático, asmático e cardíaco – "um hospital concentrado" (MP, p.155); Lobo Neves cuja causa da morte não é evidenciada; seu próprio filho que nem chega a nascer; Marcela que antes de morrer já havia sido corroída pela varíola; Dona Plácida cujo corpo de tão deteriorado parecia um "molho de ossos" (MP, p.247) e finalmente Quincas Borba com sua semidemência.

Diante de uma sucessão de mortes, é sintomático que Brás tenha falecido (de pneumonia) justamente no momento em que buscava a invenção de um medicamento capaz de aliviar o sofrimento da humanidade – "um resultado verdadeiramente cristão" (MP, p.44-45). Isto porque um dos grandes questionamentos do Brás virtualizado advinha justamente da compreensão de uma lógica universal que regesse a vida e a morte, por isso, quando se depara com a Natureza no seu delírio, ele a indaga sobre a condição humana.

Feito de joguete nas mãos de Pandora[131], o único esclarecimento que obtém é a constatação de que o ser humano, devido a sua precariedade, está fadado à perenidade e ao sofrimento. Segundo ela, apenas o tempo subsiste a sua própria ação: "Não importa ao tempo o minuto que passa,

---

[130] Segundo a análise que Patrick Pessoa (2008) faz em *A segunda vida de Brás – a filosofia da arte de Machado de Assis*, a passividade e a ironia de Brás Cubas relacionam-se diretamente com essa sucessão de mortes e consequentemente com a sua tomada de consciência de que o destino humano se confrontará inevitavelmente com a finitude. Por isso, não vale a pena dedicar-se a nenhum projeto, afinal, todas as realizações e ações humanas, com o tempo, serão dissolvidas e esvaídas de sentido. Para Pessoa (2008), a morte da mãe será a desencadeadora dessa consciência e do início da melancolia do protagonista: "Era a primeira vez que eu via morrer alguém. Conhecia a morte de oitiva; quando muito tinha-a visto já petrificada no rosto de algum cadáver, que acompanhei no cemitério, ou trazia-lhe a idéia embrulhada nas amplificações de retórica dos professores de coisas antigas – morte aleivosa de César, a austera de Sócrates, a orgulhosa de Catão. Mas esse duelo do ser e do não-ser, a morte em ação, dolorida, contraída, convulsa, sem aparelho político ou filosófico, a morte de uma pessoa amada, essa foi a primeira vez que a pude encarar" (MP, p.93-94).

[131] "Chama-me Natureza ou Pandora; sou tua mãe e tua inimiga" (MP, p.53).

112

mas o minuto que vem. O minuto que vem é forte, jocundo, supõe trazer em si a eternidade, e traz a morte, e perece como o outro, mas o tempo subsiste" (MP, p.55).

A teoria científica de Quincas Borba havia lhe ensinado que a dor é pura ilusão, entretanto a experiência do delírio lhe afirmava o contrário: acometido pelas mais variadas formas do mal que lhe ora roíam o pensamento ora as vísceras, o homem, ao longo de todos os séculos era "agitado como um chocalho" até ser destruído como um farrapo (MP, p.56).

Frente à contradição, suas dúvidas permanecem: qual razão de ser do sofrimento e das enfermidades humanas? Qual o modo adequado de se lidar com a morte? A maneira com a qual Brás rememora os episódios sobre esse tema demonstra que sua condição de defunto não havia sido capaz de desvendar essa incógnita:

> Com efeito, não era já o reumatismo que a matava [sua mãe], era um cancro no estômago. A infeliz padecia de um modo cru, porque o cancro é indiferente às virtudes do sujeito; quando rói, rói; roer é o seu ofício [...] Quê?, uma criatura tão dócil, tão meiga, tão santa, que nunca jamais fizera verter uma lágrima de desgosto, mãe carinhosa, esposa imaculada, era força que morresse assim, trateada, mordida pelo dente tenaz de uma doença sem misericórdia? Confesso que tudo aquilo me pareceu obscuro, incongruente, insano [...] (MP, p.93-94).

Ultrapassando os limites de uma metafísica individual, esses questionamentos entrariam na ordem do dia devido ao contexto epidêmico que se fixou no Império ao longo do século XIX. Aliadas a tal contexto emergiriam inúmeras especulações sobre as causas das enfermidades, dentre elas, as científicas exerceriam importante papel na mudança da forma ritualística de conceber as doenças e o fim da vida terrena.

113

3.6.1 Rituais fúnebres: o cotidiano da morte

Na primeira metade do século XIX predominava a crença de que a rigor não havia a morte, mas sim uma passagem para a vida eterna que, segundo a tradição católica, somente estaria ameaçada caso o indivíduo fosse para o Inferno. Entre este e o Paraíso, havia ainda a possibilidade de que a alma passasse pelo Purgatório – uma espécie de condenação mais leve – e para ultrapassar rapidamente esse estágio era necessário que os mortos dispusessem do auxílio daqueles que haviam deixado na vida terrena. Desta concepção de morte como passagem, derivava a preocupação que as pessoas tinham com o que era chamado de uma "boa morte" e toda a ritualística acerca desse momento de transição da alma.

No entendimento da época, a "boa morte" era aquela que se anunciava de antemão, por meio de um sinal, algum aviso do Além ou comumente por uma doença[132]. Esta última era almejada por proporcionar um definhamento progressivo durante o qual a pessoa poderia arrepender-se de seus pecados e confessá-los, ao passo que através de orações e bênçãos preparava sua alma para a passagem para a vida eterna. Assim, uma morte repentina, acidental, prematura, era vista por todos como uma grande desgraça, pois não permitia que a pessoa realizasse em conformidade os ritos necessários.

Além de receber o aviso, havia também a concepção de um lugar adequado para morrer. Diferentemente do que ocorre hoje em que o doente morre sozinho na cama de um hospital, a morte ideal era aquela que

---

[132] "A doença, [...] seria uma prova do empenho de Deus em facilitar a salvação 'porque se assim não fosse, ele [...] mandaria uma morte repentina'. Nessa hora ajudava também um bom relacionamento com os santos de devoção" (REIS, 1997, p.101). Em suas memórias, Brás fala desta devoção aos santos como sendo mera formalidade. É possível que Virgília já influenciada pela ideia de que determinadas práticas eram supersticiosas e sinais de atraso cultural, escondia o fato de que tinha um oratório em casa: "[Virgília] rezava todas as noites, com fervor, ou pelo menos com sono. Tinha medo às trovoadas; nessas ocasiões, tapava os ouvidos, e resmoneava todas as orações do catecismo. Na alcova dela havia um oratoriozinho de jacarandá, obra de talha, de três palmos de altura, com três imagens dentro; mão não falava dele às amigas; ao contrário, tachava de beatas as que eram só religiosas" (MP, p.141).

acontecia em casa, na cama em que se dormia – a exemplo de Brás e seus pais – de onde o enfermo estaria "presidindo a própria morte diante das pessoas que circulavam incessantemente em torno do seu leito" (REIS, 1997, p.104). Dentre essas pessoas estavam familiares, amigos e não raramente gente desconhecida, pois se acreditava que era benéfica a presença de grande número de pessoas que, no momento final, pudessem chorar e rezar pela alma do indivíduo.

No capítulo XLV, "Notas", Brás defunto, por meio de uma enumeração de ações – "isto que parece um simples inventário" (MP, p.124) – apresenta a imagem do funeral de seu pai em que sintetiza os modos cerimoniais da época, os quais se enraizavam justamente na ideia de que era preciso auxiliar o morto em sua viagem à vida eterna:

> Soluços, lágrimas, casa armada, veludo preto nos portais, um homem veio vestir o cadáver, outro que tomou a medida do caixão, essa, tocheiros, convites, convidados que entravam. Lentamente, a passo surdo, e apertavam a mão à família, alguns tristes, todos sérios e calados, padre e sacristão, rezas, aspersões d'água benta, o fechar do caixão a prego e martelo, seis pessoas que o tomam da essa, e o levantam, e o descem a custo pela escada, não obstante os gritos, soluços e novas lágrimas da família, e vão até o coche fúnebre, e o colocam em cima e traspassam e apertam as correias, o rodar do coche, o rodar dos carros, um a um... (MP, p.124).

Assim como a morte, o velório geralmente acontecia em casa. Neste momento era igualmente relevante que houvesse grande número de pessoas, por isso expediam-se convites funerários[133]. A preparação do cadáver era um ponto importante a se considerar, pois não eram todas as pessoas que tinham permissão para tocá-lo. Era preciso que o encarregado

---

[133] "Os brasileiros faziam da participação nessas cerimônias obrigação de fé, se não um dos passatempos prediletos, conforme o testemunho dos viajantes estrangeiros, os quais, preconceituosos, principalmente os protestantes, esquecidos de que em seus países um dia a morte fora assim celebrada, viam naquilo indício de atraso brasileiro ou superstição católica. A capacidade de mobilizar muita gente, por exemplo, era um sinal de prestígio do morto e sua família, um símbolo de poder secular, e ao mesmo tempo uma proteção extra para a alma do defunto, que podia se beneficiar das rezas da multidão. As famílias ricas distribuíam centenas de cartas-convites. Uma viúva do interior da Bahia escreveu um convite em que chamava o destinatário para 'abrilhantar' o funeral de seu marido" (REIS, 1997, p.116-117).

de tal tarefa soubesse se comunicar com o morto. Havia um ritual específico para vesti-lo e todos os passos deveriam ser acompanhados com um bendito de "vestir o defunto"[134].

A armação da residência era muitas vezes custosa e luxuosa, feita com tecidos finos bordados com fios de ouro e prata. Havia uma grande preocupação em que o morto ficasse num ambiente de luto adequado, recebendo orações das carpideiras e sacerdotes, pois deixá-lo desamparado sem todos esses cuidados era o mesmo que lançar-lhe à mercê de maus espíritos.

A finalização ideal desse processo dava-se enfim com a escolha do lugar onde seria sepultado o corpo. Neste aspecto, as igrejas e os templos das irmandades eram os preferidos, pois além de propiciarem uma maior intimidade entre vivos e mortos, eram ambientes que por serem considerados sagrados e protegidos por santos favoreciam o alcance do Paraíso.

Vistos como supersticiosos e sinônimo de atraso cultural, os rituais brasileiros em torno da morte foram aos poucos cedendo às influências europeias, principalmente após a Independência. Para isso, contribuíram as ideias dos médicos higienistas, que se preocupavam particularmente com o sepultamento no interior das aglomerações urbanas, sobretudo dentro das igrejas e templos.

Objetivando convencer a população de suas ideias, os médicos discutiam amplamente o tema e teciam as mais diversas teorias. Uma delas, muito em voga na época, havia sido defendida, em 1831, na Escola de Medicina de Paris por Manuel Maurício Rebouças:

---

[134] "*Veste esta mortalha/ Quem mandô foi Deus;/ Quem mandô visti/ Foi a mãe de Deus/ Amarre este cordão,/ Quem mandô foi Deus;/ Quem mandô marrá/ Foi a mãe de Deus./ Bota este capuz,/ Quem mandô foi Deus;/ Quem mandô buscar/ Foi a mãe de Deus*" (CÉSAR 1988 apud REIS, 1997, p.114). (CÉSAR, Getúlio. "Velório". In: SOUTO MAIOR, Mário; VALENTE, Waldemar (Org.). **Antologia pernambucana de Folclore**. Recife: Fundação Joaquim Nabuco. Ed. Massangana, 1988).

O cúmulo da ilustração nas teses higienistas da época era a teoria dos miasmas, segundo a qual a decomposição dos cadáveres produziria gases ou eflúvios pestilenciais, que atacavam a saúde dos vivos. Estes deviam se cuidar transferindo os mortos para cemitérios localizados fora do perímetro urbano, em lugares elevados e arejados, cercados de árvores frondosas que ajudassem a limpar o ar, longe de fontes de água potável e fora da rota de ventos que soprassem longe da cidade. O ar como se vê, era uma preocupação central; limpá-lo de fluído miasmáticos tornou-se uma grande obsessão do século (REIS, 1997, p.134).

Acatadas pelos médicos, teorias como essa, que evidenciavam a necessidade de mudanças radicais nas práticas fúnebres arraigadas há séculos, encontraram durante bastante tempo muita resistência entre a população e o clero que acusavam os higienistas de profanos. A aceitação, entretanto, viria da necessidade: foram as próprias epidemias que o século assistiu, as responsáveis pela mudança do povo quanto as práticas fúnebres.

3.6.2 Surtos epidêmicos e transformações nos rituais fúnebres

O primeiro surto epidêmico do século XIX registrado nas memórias emerge da narrativa por meio de um reencontro que o protagonista tem com a prostituta espanhola Marcela na década de 1830. Na ocasião, Brás que seguia para a casa de Virgília é obrigado a entrar num estabelecimento comercial na Rua do Ourives a fim de consertar o vidro do relógio que havia caído:

> Ao fundo, por trás do balcão, estava sentada uma mulher, cujo rosto amarelo e bexiguento não se destacava logo à primeira vista; mas logo que se destacava era um espetáculo curioso. Não podia ter sido feia; ao contrário, via-se que fora bonita, e não pouco bonita; mas a doença e uma velhice precoce destruíram-lhe a flor das graças. **As bexigas tinham sido terríveis; os sinais, grandes e muitos faziam saliências e encarnas, declives e aclives, e davam uma sensação de lixa grossa, enormemente grossa** (MP, p.115, grifo nosso).

Neste momento do relato memorial, Brás defunto não discorre sobre o surto de varíola em si, ocupa-se essencialmente de descrever as

117

consequências que a doença havia trazido para o rosto de Marcela – "um espetáculo curioso" –, estabelecendo uma comparação entre a beleza de outrora e a situação atual daquela forma feminina que se antes havia motivado seu comportamento desregrado e despertado seu amor juvenil, agora lhe trazia apenas repugnância – "Não era esta certamente a Marcela de 1822; mas a beleza de outro tempo valia uma terça parte dos meus sacrifícios?" (MP, p.116).

É provável que suas poucas indagações acerca da doença ou ainda sua falta de piedade pelo estado em que esta havia deixado a espanhola – "A verdade é que me sentia aborrecido, ao mesmo tempo, e ansiava por me ver fora daquela casa" (MP, p.117) – derivava não apenas do seu característico egoísmo, mas também do conceito de que, na verdade, a moléstia que roera o rosto bonito da prostituta tinha sido um bom castigo para alguém que usava da beleza para satisfazer a uma alma repleta de cobiça:

> Entrei a desconfiar que não padecera de nenhum desastre (salvo a moléstia), que tinha o dinheiro a bom recado, e que negociava com único fim de acudir à paixão ao lucro, que era o verme roedor daquela existência [...] (MP, p.117).

Presenciando o estado de Marcela, Brás vivia uma espécie de compensação – a varíola havia exteriorizado, ao roer seu rosto, a própria natureza de alguém cuja paixão pelo lucro fácil roía as entranhas motivando as ações mais perversas – mas esse fato talvez não explique de todo a sua falta de interesse pela doença. Além de Marcela naquele momento ser totalmente indiferente a sua vida, em termos históricos, a varíola já não era mais uma incógnita, pelo menos no que se referia a sua profilaxia, devido à descoberta de Edward Jenner ainda no século XVIII.

No Brasil, o próprio rei D. João VI havia sido o grande incentivador[135] da disseminação da vacina antivariólica jenneriana criando em 1811 a Junta da Instituição Vacínica no Rio de Janeiro, por isso, se havia ocorrido surtos na década de 1830 – em 1834, 1835-6, 1837-8 – estes, de acordo com Pereira Rego[136] (1872 apud CHALHOUB, 1996, p.109), eram consequência da clandestinidade que o tráfico negreiro havia assumido a partir de 1831, pois preocupados com a repressão inglesa, os negociantes providenciaram que o desembarque dos africanos passasse a ocorrer em lugares distantes do centro urbano, ou seja, longe do serviço de vacinação.

Inversamente ao desdém expresso na rememoração do encontro com Marcela e seu rosto bexiguento, a atualização da epidemia de febre amarela que, na década de 1850, havia vitimado sua noiva Eulália dará lugar a uma profunda estupefação – "Creio até que esta morte me pareceu mais absurda que as outras" (MP, p.229).

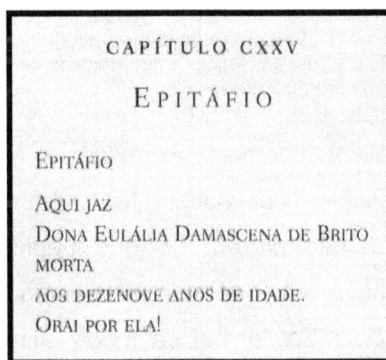

CAPÍTULO CXXV

EPITÁFIO

EPITÁFIO

AQUI JAZ
DONA EULÁLIA DAMASCENA DE BRITO
MORTA
AOS DEZENOVE ANOS DE IDADE.
ORAI POR ELA!

Figura 9: Capítulo "Epitáfio". Imitando a forma de uma inscrição tumular o defunto autor informa a morte de sua noiva Eulália.
Fonte: MP (2008a, p.229).

---

[135] Mary Karasch (1987 apud CHALHOUB, 1996) estudando os registros de óbitos da Santa Casa de Misericórdia, constata um número relativamente baixo de mortes por varíola e conclui que tal fato sugeria uma melhoria no controle da doença devido ao funcionamento do serviço de vacinação. Outro indício de que a vacina adquirira importância no controle da varíola entre os escravos são os anúncios que os comerciantes e proprietários informam que os negros à venda haviam sido vacinados e estavam livres de pragas. (KARASCH, Mary. **Slave life in Rio de Janeiro:** 1808-1850, Princeton, Princeton University Press, 1987).
[136] REGO, José Pereira. **Esboço histórico das epidemias que têm grassado na cidade do Rio de Janeiro desde 1830 a 1870**. Rio de Janeiro: Typographia Nacional, 1872.

Se na ocasião anterior, o defunto autor legara à epidemia o mais absoluto silêncio e o sofrimento de Marcela fora tratado com desprezo, neste episódio, o reconhecimento da gravidade do surto de febre amarela é acompanhado pela morte de sua noiva e a consequente frustração dos seus planos. Com Nhã-Loló ia a última esperança de Brás de ter um filho e constituir família, talvez por isso o registro aqui mereça mais atenção já que apenas tirar-lhe esse proveito – o de procriadora – era o motivo real de seu interesse pela moça – "[...] me despedi triste, mas sem lágrimas. Concluí que talvez não a amasse deveras" (MP, p.229).

A gravidade do surto epidêmico e os interesses pessoais encontram-se relacionados, por essa razão, o esforço para suprimir seus reais sentimentos dizendo que nada contará porque o epitáfio por si expressaria toda a tragédia, cede à necessidade de compreender aquele episódio:

> [...] doeu-me um pouco a cegueira da epidemia que, matando à direita e a esquerda, levou também uma jovem dama, que tinha de ser minha mulher; não cheguei a entender a necessidade da epidemia, menos ainda daquela morte (MP, p.229).

A epidemia matava cegamente à direita e a esquerda e diante desse fenômeno era impossível ficar indiferente[137]. Além disso, se Marcela que merecia ser castigada não morrera, por que a epidemia haveria de castigar uma moça que não havia feito mal a ninguém como Nhã-Loló?

Inconsolável, Damasceno, pai da moça, afirmava que Deus o havia castigado com aquela grande dor. Quincas Borba com sua teoria científica

---

[137] "As estimativas indicam que mais de um terço dos 266 mil habitantes do Rio contraíram febre amarela no verão de 1849-50. O número oficial de mortos nesta epidemia chegou a 4160 pessoas, mas tudo indica que o total indicado foi consideravelmente subestimado. Houve quem falasse em 10 mil, 12 mil, 15 mil vítimas fatais. A febre reapareceu regularmente nos verões seguintes, provocando sempre a fuga apressada dos habitantes mais abastados da capital. Petrópolis e outros municípios 'serra acima' eram refúgios recomendados pelos médicos. Além disso, em 1855 e 1856 uma devastadora epidemia de cólera finalmente atingiu o Rio de Janeiro e diversas outras localidades do Império" (CHALHOUB, 1996, p.61). De acordo com a narração de Brás Cubas, Nhã-lo-ló teria contraído a febre no verão de 1849-1850: "Ficam sabendo que morreu; acrescentarei que foi por ocasião da primeira entrada da febre amarela" (MP, p.229).

afirmava a Brás que as epidemias eram úteis à espécie, embora parecesse desastrosas para uma certa porção de indivíduos, pois por mais "horrendo que fosse o espetáculo, havia uma vantagem de muito peso: a sobrevivência do maior número" (MP, p.229).

Urgia que alguém apresentasse uma explicação para aquele fenômeno e, de fato, não faltou quem o tentasse através da ciência e quem o fizesse apoiando-se na religião:

> Não faltou quem defendesse, nas colunas de jornais diários ou mesmo no Parlamento, a ideia de que o vômito preto era "o anjo da morte que Deus enviou a esta cidade, é o enviado da justiça de Deus"[138]. Segundo o "temente a deos", a "cólera divina" fora despertada pelos vícios e pecados da população do Rio de Janeiro, e se prolongava porque continuavam os espetáculos públicos, festas, bailes etc. durante o desenrolar da epidemia[139]. Um articulista "provava" que "sem jejum e sem abstinência não podemos aplacar a cólera, nem desarmar o braço da divina justiça"[140] (CHALHOUB, 1996, p.62-63).

A concepção da epidemia de febre amarela como castigo divino era corrente, isto porque apesar do surto ocorrido no verão de 1849-1850 haver atacado tanto negros quanto brancos, dificilmente um escravo ou liberto, ou seja, "um negro" – como se nomeava naquele tempo – figurava nas longas listas de vítimas fatais da peste enquanto os brancos "cidadãos brasileiros" e principalmente os imigrantes recém-chegados da Europa constituíam o maior número de vítimas fatais.

Relacionada a esses fatos, a lamentação de Damasceno dizendo que havia sofrido castigo divino ganhava todo sentido. Sendo ele cunhado de Contrim, um comerciante de negros, também defendia com afinco a manutenção do tráfico, e como consequência desta postura mercantilista é que se explicaria a morte de sua filha branca Nhã-Loló.

As estatísticas de mortandade, indicando vítimas de maioria branca, provavelmente, contribuíram com aqueles que quiseram valer-se desses

---

[138] "Correspondência", **Diário do Rio de Janeiro**, 19 de abril de 1850, p.3.
[139] "Correspondência", **Jornal do Commercio**, 21 de março de 1850, p.2.
[140] "Opinião geral", **Jornal do Commercio**, 13 de março de 1850, p.4.

números com objetivos políticos e ideológicos, e por isso os parlamentares tenham cedido em 1850 à pressão inglesa e resolvido encerrar definitivamente o comércio negreiro. A concessão, entretanto, não estaria vinculada à crença no castigo divino, mas sim ao temor da possível "aliança" que poderia se estabelecer entre a febre e a rebeldia negra: tinha-se medo que, aproveitando-se da instabilidade social que a peste provocara, os escravos se levantassem contra seus senhores (CHALHOUB, 1996, p.71-72).

Se por um lado os tementes a Deus procuravam convencer o povo da ira divina, e os políticos pragmaticamente resolviam as questões referentes ao tráfico negreiro para evitar uma rebelião, por outro, os médicos higienistas seguiam num impasse e não conseguiam descobrir se a febre amarela se propagava por infecção ou por contágio.

Os infectologistas acreditavam que a febre advinha de miasmas mórbidos originados de substâncias animais e vegetais em putrefação; os contagionistas defendiam a hipótese de que a doença podia ser transmitida por contato físico, ou indiretamente, pelo toque de objetos ou respiração do ar, ambos contaminados pelo doente.

Quando Damasceno, três semanas após o enterro de Nhã-Loló, se queixa do pouco caso que seus amigos tinham feito do seu sofrimento, já que apenas doze pessoas haviam acompanhado à cova o cadáver de sua querida filha apesar dele ter providenciado a expedição de oitenta convites, não seria de todo incongruente afirmar que os ausentes estivessem com medo de contrair a doença. Ademais, como observara o próprio Brás Cubas diante das lamentações do homem: "as perdas eram tão gerais", isto é, estava morrendo tanta gente ao mesmo tempo, "que bem se podia desculpar essa desatenção aparente" (MP, p.230).

De qualquer forma, o que de antemão se evidenciava é que as epidemias mudariam a forma de lidar com a morte e toda ritualística que antes a envolvia. Os surtos que acometeram o Império apressariam o

122

movimento que já vinha sendo feito por médicos higienistas, sobretudo, no que dizia respeito ao tratamento com o morto e o local de seu sepultamento.

É possível que a epidemia de cólera em 1855-1856 tenha sido o impulso final para redirecionar a cultura quanto aos rituais funerários:

> A peste triunfou diante da precariedade sanitária, a impotência das autoridades, a confusão dos médicos, a resignação dos religiosos, o desespero da população e principalmente o medo de todos. Os mortos contados aos milhares e espalhados entre todas as categorias sociais, já não podiam receber os cuidados que até então os sobreviventes lhes dedicavam para que desfrutassem uma boa morte. **Aquela convivência pacífica e solidária entre vivos e mortos ruiu em face da desordem estalada pela epidemia. Já não se gastava tempo com os mortos, porque eles passaram a ser temidos instrumentos de desordem. Em primeiro lugar ficava agora a saúde física dos vivos, não a saúde espiritual dos mortos** (REIS, 1997, p.141, grifo nosso).

Ao narrar sua morte – a última cronologicamente ocorrida e a primeira a ser registrada nas *Memórias Póstumas* – Brás defunto finaliza o memorial deste processo de mudança nos ritos fúnebres.

Diferentemente de Marcela que morre abandonada numa cama de hospital, o protagonista ainda falece em casa, em sua própria cama cercado por poucas pessoas, contudo, não há registros de práticas religiosas, nem de cuidados rebuscados com o funeral. Segundo o defunto, ninguém chorara sua morte e somente a ex-amante Virgília havia padecido um pouco mais dentre as mulheres presentes:

> Não digo que se carpisse, não digo que se deixasse rolar pelo chão convulsa, nem meu óbito era coisa altamente dramática... Um solteirão que expira aos sessenta e quatro anos, não parece que reúna em si todos os elementos de uma tragédia (MP, p.42).

Ademais, revela que apenas onze pessoas assistiram ao seu enterro e a única manifestação de apreço é dada por um "amigo" para o qual havia deixado parte da herança.

Ao lado da ironia com a qual justifica o aparente abandono ao dizer que não se havia expedido convites, Brás defunto atualiza uma mudança de comportamento em relação à recepção da morte no final do século XIX. Havia acabado a convivência pacífica e solidária entre os vivos e os que haviam ido para o Além, já não se gastava mais tempo com os mortos.

CONSIDERAÇÕES FINAIS

Empenhado em discutir como nas *Memórias Póstumas de Brás Cubas* a forma literária concorre na construção do memorial histórico-social, este trabalho privilegiou a figura do defunto autor Brás Cubas, por entender que nele encontrava-se o centro irradiador de tudo que se poderia interpretar neste romance.

Buscando respeitar os limites da ficção[141], mas embasado nos conceitos de Lukács (2000) acerca da relação entre a forma romanesca e a realidade, vislumbrou-se na metáfora da "virtualidade" e da "atualização" – o defunto que ao atualizar (rememorar) seu passado (virtual), atualiza simultaneamente a corte do século XIX – um caminho que permitisse identificar na obra literária as referências da temporalidade que a havia produzido.

Para tanto, procurou-se dentro do universo ficcional caracterizar o egoísmo peculiar de Brás Cubas – fixado, entre outros episódios, com o caso do almocreve e do embrulho com cinco mil reis encontrado na praia – e justificar suas motivações no exercício do relato memorial – o de comprovar sua superioridade –, sem, contudo, deixar de lado o fato de que sua atualização seria realizada segundo o posicionamento ideológico da classe senhorial brasileira a qual o personagem representa nas *Memórias Póstumas.*

Assim, ao discorrer sobre sua trajetória de vida levantaram-se também dados do contexto histórico-social que em vários momentos explicaram as ações dos personagens e a criticidade com a qual o defunto autor lançou-se sobre elas – como, por exemplo, a atualização que o defunto Brás Cubas faz

---

[141] "Sempre que a vida entra na literatura, ela se torna literatura e como literatura deve ser tratada", diz Tinianov (1924 apud TEZZA, 2003, p.124).

da prática religiosa de tio Idelfonso ou do jantar que seu pai oferecera em homenagem à família real portuguesa devido à queda de Napoleão.

Ficou evidente que observada a cronologia da vida de Brás Cubas é possível estabelecer um paralelo com os acontecimentos da história brasileira já que estas referências que se encontram na obra, inclusive datadas, realmente sucederam-se na ordem temporal em que são atualizadas nas *Memórias Póstumas* – "Não quero passar adiante, sem contar sumariamente um galante episódio de 1814" (MP, p.65); "Vamos de um salto a 1822, data de nossa independência" (MP, p.72); "[...] entrou a falar de tudo, do Senado, da Câmara, da Regência, da restauração" (MP, p.99) – e devido a essa coincidência há quem tenha assinalado que a vida de Brás, na verdade, é a própria alegoria da história do Brasil[142]. Por outro lado, é importante considerar que somente a partir de um estudo mais aprofundado acerca do contexto que serviu de pano de fundo para a trajetória do Brás virtual pode-se compreender, por exemplo, porque aquele indivíduo durante o jantar na casa de Bento Cubas não poderia ler as informações sobre o navio negreiro constantes na carta que havia chegado de Luanda, porque apesar de disparatado o discurso que falava da barretina da Guarda Nacional tinha algum sentido político e social, ou ainda, levantar a hipótese de que o não comparecimento dos amigos de Damasceno no enterro de Nhã-Loló tivesse sido motivado por medo da febre amarela.

Ademais, este trabalho concluiu que mais do que a identificação na obra de passagens que referenciavam diretamente ao cotidiano da corte, ou seja, mais do que a constituição do universo virtual que seria rememorado, a possibilidade de estabelecer o ponto de vista do defunto autor permitiu que se refletisse sobre o modo com o qual essa virtualidade seria atualizada, e poder-se-ia mesmo dizer que essa atualização empreendida pelo defunto Brás Cubas, em si indica nas *Memórias Póstumas* o maior dado memorial.

---

[142] Ver Zilberman (2008) e também Schwarz (1990, p.71-76) discorrendo acerca das ideias de John Gledson.

126

Isto porque, como assinalou-se recorrentemente, todas as ações e personagens que são recordados – as convenções sociais da burguesia, os hábitos familiares, a aspiração à nobreza e à civilidade nos moldes europeus, a prática religiosa, o exercício político, a condição feminina, a indigência do escravo, a dependência do branco pobre, os rituais fúnebres, as doenças que assolavam o cotidiano – emergem da obra emolduradas segundo a visão de quem se encontrava no mais alto patamar social, e por isso, assumem a feição mais conveniente à classe dominante revelando, entre outras coisas, as relações de poder no Brasil imperial.

Se é lícito afirmar que ao dar voz ao defunto autor, Machado de Assis permitiu que Brás Cubas denunciasse a si e a sua classe e que, como foi exposto no capítulo I, o deslocamento histórico do personagem pode ser entendido como expressão do fato de que o poder senhorial estava sendo desagregado, é igualmente possível dizer que na figura do defunto autor Brás Cubas, o escritor assinalou que ainda que o país passasse por intensas mudanças – como o advento da Abolição em 1888 e a Proclamação da República em 1889 –, esse poder seguiria pairando sobre a sociedade.

A concepção de morte como renascimento ou viagem é algo tardio e como disse Bachelard[143] (1948 apud DEBRAY, 1994, p.24, tradução nossa), "a morte foi primeiramente uma imagem e continua sendo uma imagem". De modo que a morte de Brás Cubas, a ideia do defunto autor, ao contrário de anunciar o fim do poder senhorial, estaria advertindo que a imagem deste poder continuaria intermediando as relações políticas e sociais, condicionando as manifestações culturais e determinando o que ainda seria escrito na história brasileira.

Como que endossando estas cogitações, Machado de Assis ([1873]2009c), em *Instinto de Nacionalidade,* defendeu a atuação política daquele que se debruça sobre a prática literária ao afirmar que: "O que se deve exigir do escritor antes de tudo é certo sentimento íntimo, que o torne

---

[143] BACHELARD, Gastón. **La Terre et les réveries du repôs**, Paris, José Corti, 1948, p.312.

127

homem do seu tempo e do seu país, ainda quando trate de assuntos remotos no tempo e no espaço".

O compromisso declarado do escritor faz com que se corrobore que anos mais tarde, por trás do argumento fantástico do defunto que lê sua própria vida, as *Memórias Póstumas* atualizaria para muito mais do que os cinco leitores previstos por Brás Cubas[144], as circunstâncias nas quais havia nascido o Brasil independente, concretizando por meio da literatura o memorial de um contexto histórico e social que devido a essa relevância não poderia ser esquecido.

Sem a pretensão de esgotar o tema da literatura como memorial, acredita-se que este trabalho teve o mérito de assinalar uma possibilidade de abordagem interdisciplinar da obra literária à medida que contemplou sua análise do ponto de vista histórico e social sem, contudo, desprezar sua condição primeira de objeto ficcional. Assim, dentro da extensa gama de estudos acerca das *Memórias Póstumas de Brás Cubas* arriscou-se em fazer sua própria atualização sobre esta obra, confortando-se na ideia de Ítalo Calvino (2007, p. 11) de que "um clássico é um livro que nunca terminou de dizer aquilo que tinha para dizer".

---

[144] "Que Sthendal confessasse haver escrito um de seus livros para cem leitores, cousa é que admira e consterna. O que não admira, nem provavelmente consternará, é se este outro livro não tiver os cem leitores de Sthendal, nem cinqüenta, nem vinte, e quando muito, dez. Dez? Talvez cinco" (MP, p.39).

REFERÊNCIAS

ABBAGNANO, Nicola. **História da Filosofia**. 4. ed. Lisboa: Editorial Presença, 1993. 5 v.

ALENCASTRO, Luiz Felipe de. (Orgs.). Vida privada e ordem privada no Império. In: _____. **História da vida privada no Brasil Império**. São Paulo: Companhia das Letras, 1997.

ASSIS, Machado de. **Memórias Póstumas de Brás Cubas**. São Paulo: Globo, 2008a. (Original em 1881).

_____. Prólogo da quarta edição de Memórias Póstumas de Brás Cubas. In: ASSIS, Machado. **Memórias Póstumas de Brás Cubas**. 4. ed. São Paulo: Globo, 2008b.

_____. **O jornal e o livro**. Brasília: Ministério da Educação, 2009a. Publicado originalmente no Correio Mercantil, Rio de Janeiro, 10-12 jan. 1859. In: ASSIS, Machado. Obra completa. Rio de Janeiro: Nova Aguilar, V.III, 1994 Não paginado. Disponível em: <http://machado.mec.gov.br/arquivos/pdf/cronica/macr13.pdf>. Acesso em: 05 maio 2010.

_____. **Eça de Queirós**: O Primo Basílio. Brasília: Ministério da Educação, 2009b. Publicado originalmente Publicado em O Cruzeiro, 16 e 30 abr. 1878. In: ASSIS, Machado. Obra completa. Rio de Janeiro: Nova Aguilar, V.III, 1994 Não paginado. Disponível em: <http://machado.mec.gov.br/arquivos/pdf/cronica/macr13.pdf>. Acesso em: 05 maio 2010.

_____. **Notícia da atual literatura brasileira:** instinto de nacionalidade. Brasília: Ministério da Educação, 2009c. Publicado originalmente em O Novo Mundo, 24 mar. 1873. In: ASSIS, Machado. Obra completa. Rio de Janeiro: Nova Aguilar, V.III, 1994 Não paginado. Disponível em <http://machado.mec.gov.br/arquivos/pdf/critica/mact25.pdf>. Acesso em: 15 out. 2010.

AUERBACH, Eric. **Mimesis:** a representação da realidade na literatura ocidental. São Paulo: Perspectiva, 1987.

BAKHTIN, Mikhail Mikhailovitch. **Estética da criação verbal**. Introdução e Tradução: Paulo Bezerra; Prefácio à edição francesa Tzvetan Todorov. 4. ed. São Paulo: Martins Fontes, 2003. (Coleção biblioteca universal).

BARTHES, Roland. **Novos ensaios críticos** e **O grau zero da escritura**. 9. ed. Tradução: Heloysa de Lima Dantas et. al. São Paulo: Cultrix, 1993.

BENJAMIN, Walter. O narrador: considerações sobre a obra de Nikolai Leskov. In: BENJAMIN, Walter; HORKHEIMER, Max; ADORNO, Theodor W.; HABERMAS, Jürgen. **Textos escolhidos**. 2. ed. Tradução: José Lino Grünnewal et. al. São Paulo: Abril Cultural, 1983. (Coleção Os pensadores).

BERMAN, Marshall. **Tudo o que é sólido desmancha no ar**: a aventura da modernidade. São Paulo: Companhia das Letras, 1987.

BOSI, Alfredo. **História concisa da literatura brasileira**. 2. ed. São Paulo: Cultrix, 1974.

_____. **Brás Cubas em três versões:** estudos machadianos. São Paulo: Companhia das Letras, 2006.

CALVINO, Ítalo. **Por que ler os clássicos**. Tradução: Nilson Moulin. São Paulo: Companhia das Letras, 2007.

CANDIDO, Antonio. **A educação pela noite e outros ensaios**. 5. ed. Rio de Janeiro: Ouro sobre Azul, 2006.

_____. **Formação da Literatura brasileira:** momentos decisivos 11. ed. Rio de Janeiro: Ouro sobre Azul, 2007.

CARVALHAL, Juliana Pinto. Maurice Halbwachs e a questão da Memória. **Revista Espaço Acadêmico**, n. 56, jan. 2006, UFJF, MG. Disponível em: <http://www.espacoacademico.com.br/056/56carvalhal.htm>. Acesso em: 22 fev. 2010.

CASTRO, Hebe M. Mattos de. Laços de família e direitos no final da escravidão. In: ALENCASTRO, Luiz Felipe de. (Org.). **História da vida privada no Brasil:** Império. São Paulo: Companhia das Letras, 1997.

CAVALLINI, Marco Cícero. **Letras políticas:** a crítica social do Segundo Reinado nas ficções de Machado de Assis. Tese (Doutorado em História Social do Trabalho)-Universidade de Campinas, São Paulo, 2005. Disponível em: <http://cutter.unicamp.br/document/?code=vtls000351042>. Acesso em: 10 fev. 2010.

CHALHOUB, Sidney. **Cidade febril:** cortiços e epidemias na Corte imperial. São Paulo: Companhia das Letras, 1996.

_____. **Machado de Assis, historiador.** São Paulo: Companhia das Letras, 2003.

COSTA, Emília Viotti da. **Da Monarquia à República:** momentos decisivos. 8. ed. São Paulo: Fundação Editora da UNESP, 2007.

CUNHA, Antônio Geraldo da. **Dicionário Etimológico Nova Fronteira de Língua Portuguesa.** 2. ed. Rio de Janeiro: Nova Fronteira, 1986.

DEBRAY, Régis. **Vida y muerte de la imagen:** historia de la mirada en occidente. Barcelona: Paidós, 1994.

DEBRET, Jean Baptiste. **Viagem pitoresca e histórica ao Brasil.** Tradução e notas: Sérgio Milliet. Notícia biográfica de Rubens Borba de Moraes. São Paulo: Editora da Universidade de São Paulo, 1972. Tomo I- volumes I e II.

FREYRE, Gilberto. **Sobrados e mucambos** 13. ed. Rio de Janeiro: Record, 2002.

GAZETA do Rio de Janeiro. Rio de Janeiro, n° 44, 1 jun. 1814. Disponível em: <http://objdigital.bn.br/acervo_digital/div_periodicos/gazeta_rj/gazeta_rj_1814/gazeta_rj_1814_044.pdf>. Acesso em 04 out. 2010.

GLEDSON, John. **Machado de Assis:** impostura e realismo. Uma interpretação de Dom Casmurro. São Paulo: Companhia das Letras, 1991.

_____. **Machado de Assis:** ficção e história. Tradução: Sônia Coutinho. 2. ed. rev. São Paulo: Paz e Terra, 2003.

GOMES, Eustáquio. 1880, o ano em que Machado se reinventa. **Jornal da Unicamp.** Campinas, 25-31 ago. 2008. Ano XXII, n. 406.

GONDRA, José Gonçalves; SCHUELER; Alessandra. **Educação, poder e sociedade no Império brasileiro.** São Paulo: Cortez, 2008. (Biblioteca básica da história da educação brasileira).

HALBWACHS, Maurice. **A Memória Coletiva**. São Paulo: Ed. Centauro, 2006.

HAUSER, Arnold. **História social da arte e da literatura**. Tradução: Álvaro Cabral. São Paulo: Martins Fontes, 1996.

HOLANDA, Sérgio Buarque de. **Raízes do Brasil**. 26. ed. São Paulo: Companhia das Letras, 1995.

INSTITUTO Moreira Salles. **Cadernos de Fotografia Brasileira**: Georges Leuzinger, 2006.

KANDEL, Eric R. **Em busca da Memória:** o nascimento de uma nova ciência da mente. Tradução: Rejane Rubino. São Paulo: Companhia das Letras, 2009.

KRISTEVA, Julia. **História da linguagem**. Lisboa: Editora 70, 2003.

LE GOFF, Jacques. **História e memória**. Tradução Bernardo Leitão et al. 5. ed. Campinas: Ed. Unicamp, 2003.

LEVY, Pierre. **O que é o virtual?** Tradução: Paulo Neves. São Paulo: Editora 34, 1996.

LIMA, Luiz Costa. **História. Ficção. Literatura**. São Paulo: Companhia das Letras, 2006.

LUKÁCS, Georg. **A teoria do romance**: um ensaio histórico-filosófico sobre as formas da grande épica. Tradução, posfácio e notas: José Marcos Mariani de Macedo. São Paulo: Duas Cidades; Ed. 34, 2000. (Publicação original em 1916).

MACEDO, José Marcos Mariani de. **Posfácio de A teoria do romance: um ensaio histórico-filosófico sobre as formas da grande épica**. São Paulo: Duas Cidades; Ed. 34, 2000. (Versão ligeiramente modificada da dissertação de mestrado apresentada junto ao Departamento de Letras Modernas da Universidade de São Paulo em 1997).

MACHADO, José Pedro. **Dicionário Etimológico da Língua Portuguesa:** com a mais antiga documentação escrita e conhecida de muitos vocábulos estudados. [S.I.]: Editorial Confluência, 1952.

MAJOR NETO, José Emílio. "Perdoai-vos uns aos outros" ou o Brasil de Machado de Assis. In: GUARITA, Sonia do Amaral. (Org.). **O BRASIL como Império**. São Paulo: Companhia Editora Nacional, 2009. p.239-263.

MALERBA, Jurandir. **A corte no exílio:** civilização e poder no Brasil às vésperas da Independência (1808-1821). São Paulo: Companhia das Letras, 2000.

MANN, Nicholas. **Renascimento**. [Título original: *Cultural Atlas of Renaissance*]. Barcelona: Folio, 2006.

MEMÓRIAS Póstumas. Direção: André Klotzel. Produção: Tereza González Intérpretes: Reginaldo Faria, Petrônio Gontijo, Viétia Rocha, Sônia Braga, Otávio Müller, Marcos Caruso, Stepan Nercessian, Débora Duboc, Walmor Chagas, Nilda Spencer. Roteiro André Klotzel, Diálogos: José Roberto Torero, Direção de Arte: Adrian Cooper, Direção de Fotografia: Pedro Farkas, Montagem: André Kotzel, Cenografia: Roberto Mainieri, Figurino: Marjorie Gueller. Brasil: Europa Filmes, c 2001. 1 DVD (101 min), Color. Baseado no livro "Memórias Póstumas de Brás Cubas", de Machado de Assis.

MÓDULO, Marcelo. **Fixação de textos e notas de Memórias Póstumas de Brás Cubas.** São Paulo: Globo, 2008.

O ALERQUIM, Rio de Janeiro, 1867, n. 3, p.8. (São Paulo, Coleção José Mindlin).

PEREIRA, Rubens Alves. **Fraturas do Texto:** machado e seus leitores. Rio de Janeiro: Sette Letras; Feira de Santana: Universidade Estadual de Feira de Santana, 1999.

PESAVENTO, Sandra Jatahy. História & literatura: uma velha-nova história. **Nuevo Mundo Mundos Nuevos** [En línea], Debates, 2006, Puesto en línea el 28 jan. 2006. Disponível em: <http://nuevomundo.revues.org/index1560.html>. Acesso: 26 fev. 2010.

PESSOA, Patrick E. C. **A segunda vida Brás Cubas:** a filosofia da arte de Machado de Assis. Rio de Janeiro: Rocco, 2008.

PIZA, Daniel. **Machado de Assis, um gênio brasileiro**. 3. ed. São Paulo: Imprensa Oficial, 2008.

QUEIROZ, Tereza Aline Pereira de. Aprender a saber na Idade Média. In: MONGELLI, Lênia Márcia. (Coord.). **Trivium & Quadrivium:** as artes liberais na Idade Média. Cotia: Íbis, 1999.

REIS, João José. O cotidiano da morte no Brasil Oitocentista. In: ALENCASTRO, Luiz Felipe de Alencastro. (Org.) **História da vida privada no Brasil Império.** São Paulo: Companhia das Letras, 1997.

RIOS FILHO, Adolfo Morales de los. **O Rio de Janeiro Imperial.** 2. ed. Rio de Janeiro: Topbooks editora/ Univer Cidade editora, 2000.

ROSENFELD, Anatol. Reflexões sobre o romance moderno. In: **Texto/Contexto I.** 5. ed. São Paulo: Perspectiva, 1996.

SANTOS, Nílvio Ourives dos. Eça de Queirós: realidade e realismo português. In: **AKRÓPOLIS** – Revista de Ciências Humanas da UNIPAR, v.11, n. 1, jan./mar., 2003.

SCHWARZ, Roberto. **Ao vencedor as batatas:** forma literária e processo social nos inícios do romance brasileiro. São Paulo: Duas Cidades, 1981.

_____. **Um mestre na periferia do capitalismo:** Machado de Assis. São Paulo: Duas Cidades, 1990.

_____. As ideias fora do lugar. In: **Cultura e política.** São Paulo: Paz e Terra, 2009.

SEVECENKO, Nicolau. **Literatura como missão:** tensões e criação cultural na Primeira República. 2. ed. São Paulo: Cia das Letras, 2003a.

_____. A ficção capciosa e a história traída. In: GLEDSON, John. **Machado de Assis:** ficção e história. Tradução: Sônia Coutinho. 2. ed. rev. São Paulo: Paz e Terra, 2003b.

SPINGARN, Joel E. **Literary criticism in the Renaissance.** New York, Harcourt, Brace & World, 1963.

TAMBARA, Elomar. Educação e Positivismo no Brasil. In: STEPHANOU, Maria; BASTOS, Maria Helena Câmara. (Orgs). **Histórias e memórias da educação no Brasil:** século XIX. 2. ed. Petrópolis, RJ: Vozes, 2005. 2 v.

TELES, Gilberto Mendonça. **A escrituração da escrita:** teoria e prática do texto literário. Petrópolis, RJ: Vozes, 1996.

TEZZA, Cristovão. **Entre a Prosa e a Poesia:** Bakhtin e o formalismo russo. Rio de Janeiro: Ed. Rocco, 2003.

TODOROV, Tzvetan. **A literatura em perigo**. Tradução: Caio Meira. Rio de Janeiro: DIFEL, 2009.

VALLADARES, Eduardo Montechi. O período regencial. In: GUARITA, Sonia do Amaral. (Org.). **O Brasil como Império.** São Paulo: Companhia Editora Nacional, 2009.

WATT, Ian. **A ascensão do romance, estudos sobre Defoe, Richardson e Fielding**. Tradução: Hildegard Feist. São Paulo: Companhia das Letras, 1990.

WELLEK, René; WARREN, Austin. **Teoria da literatura e metodologia dos estudos literários**. Tradução: Luís Carlos Borges. São Paulo: Martins Fontes, 2003.

ZILBERMAN, Regina. Memórias póstumas de Brás Cubas: à procura da história. In: FANTINI, Marli. (Org.). **Crônicas da antiga corte:** literatura e memória em Machado de Assis. Belo Horizonte: Editora UFMG, 2008.

BIBLIOGRAFIA

ADORNO, Theodor W. **Notas de Literatura I.** Tradução e apresentação de Jorge M. B. Almeida. São Paulo: Duas Cidades; Editora 34, 2003.

AGUIAR E SILVA, Vitor Manuel de. **Teoria da literatura.** Coimbra: Livraria Almedina, 1979.

ARISTÓTELES, Horácio Longino. **A poética clássica.** Introdução: Roberto de Oliveira Brandão; Tradução: Jaime Bruna. 6. ed. São Paulo: Cultrix, 1995.

BAKHTIN, Mikhail Mikhailovitch. **Marxismo e filosofia da linguagem:** problemas fundamentais do método sociológico na ciência da linguagem. Tradução: Michel Lahud et all. 9. ed. São Paulo: Hucitec, 1999.

BARTHES, Roland. **Crítica e Verdade.** São Paulo: Perspectiva, 1999.

BARTHES, Roland. **S/Z.** Tradução: Maria de Santa Cruz e Ana Mafalda Leite. Lisboa: Edições 70, 1999.

BAUDELAIRE, Charles. **Escritos sobre Arte.** Tradução e organização: Plínio Augusto Coelho. São Paulo: Hedra, 2008.

BERGSON, Henri. **Matéria e Memória:** ensaio sobre a relação do corpo com o espírito. Tradução Paulo Neves. 3. ed. São Paulo: Martins Fontes, 2006.

BORGES, Jorge Luis. **O livro dos seres imaginários.** Col. Margarita Guerrero; Tradução Heloisa Jahn. São Paulo: Companhia das Letras, 2007.

BOSI, Alfredo et al. **MACHADO de Assis.** São Paulo: Ática, 1982.

BURKE, Peter. (Org.). **A escrita da História:** novas perspectivas. São Paulo: Editora da Universidade Estadual Paulista, 1992.

CARPEAUX, Otto Maria. **História da Literatura ocidental.** 3. ed. Brasília: Senado Federal, Conselho Editorial, 2008. 3 v.

CANDIDO, Antônio. **Literatura e Sociedade.** 9. ed. São Paulo: Duas Cidades; Rio de Janeiro: Ouro sobre Azul, 2006.

_____. **O discurso e a cidade**. 9. ed. São Paulo: Duas Cidades; Rio de Janeiro: Ouro sobre Azul, 2004.

COUTINHO, Afrânio. (Dir.). **A literatura no Brasil**. 6. ed. São Paulo: Global, 2003. 1 v.

DINIZ, Júlio. (Org.). **MACHADO de Assis (1908-2008)**. Rio de Janeiro: Ed. PUC - Rio: Contraponto, 2008.

DUARTE, Jorge; BARROS, Antonio. **Métodos e técnicas de pesquisa em comunicação**. 2. ed., 3. reimpressão. São Paulo: Atlas, 2009.

FAORO, Raymundo. **Machado de Assis**: a pirâmide e o trapézio. Rio de Janeiro: Editora Globo, 2001.

FISHER, Luis Augusto. Para uma descrição da literatura brasileira no século XX. In: VÉSCIO, Luiz Eugênio; SANTOS, Pedro Brum (Org.). **Literatura e História: perspectivas e convergências**. Santos. Bauru: EDUSC, 1999.

GOLDMANN, Lucien. **A sociologia do Romance**. 3. ed. Tradução: Álvaro Cabral. Rio de Janeiro: Paz e Terra, 1976.

HEIDEGGER, Martin. **A origem da obra de arte**. Tradução: Maria da Conceição Costa. Lisboa: Edições 70, 2008.

HEGEL, Georg Wilhelm Friedrich. **Curso de estética**: os sistemas das artes. São Paulo: Martins Fontes, 1997.

IANNI, Octávio. Sociologia e Literatura. In: SEGATTO, José Antonio; BALDAN, Use. (Org.). **Sociedade e literatura no Brasil**. São Paulo: Editora UNESP, 1999.

KHOURY, Yara Aun et al. **A Pesquisa em História**. São Paulo: Brasiliense, 1989.

LIMA, Alceu Amoroso. **Três ensaios sobre Machado de Assis**. Belo Horizonte: Livraria Editora Paulo Bluhm, 1941.

MAISTRE, Xavier de. **Viagem em volta do meu quarto**. São Paulo: Hedra, 2009.

MANGUEL, Alberto. **Dicionário de lugares imaginários**. São Paulo: Companhia das Letras, 2003.

MANGUEL, Alberto. **Uma história da leitura**. Tradução: Pedro Maia Soares. São Paulo: Companhia das Letras, 1997.

OLIVEIRA, Maria Rosa Duarte de. Memórias Póstumas de Brás Cubas e a multiplicação dos livros: um livro dentro do outro como a fruta dentro da casca. In: **Actas do IV Congresso Internacional da Associação Portuguesa e Literatura Comparada**. Universidade de Évora, maio 2001. Disponível em: <http://www. eventos.uevora.pt/comparada/apres.htm>. Acesso em: 10 maio 2010.

PARENTE, André. **O Virtual e o Hipertextual**. Rio de Janeiro: Pazulin, 1999.

PEREIRA, Lucia Miguel. **Machado de Assis:** estudo crítico e biográfico. 6. ed. rev. Belo Horizonte: Itatiaia; São Paulo: Editora da Universidade de São Paulo, 1988.

PLATÃO. **A República**. 2. ed. Tradução: Pietro Nassetti. São Paulo: Martin Claret, 2008.

PEREIRA, Astrojildo. **Machado de Assis:** ensaios e apontamentos avulsos. Belo Horizonte: Oficina de Livros, 1991.

RICUPERO, Bernardo. **Sete lições sobre as interpretações do Brasil**. 2. ed. São Paulo: Alameda, 2008.

SARTRE, Jean-Paul. **Que é Literatura?** 2. ed. Tradução: Carlos Felipe Moisés. São Paulo: Ática, 1993.

SILVA, Helenice Rodrigues da. "Rememoração"/comemoração: as utilizações sociais da memória. **Revista Brasileira de História**. São Paulo, vol. 22 n. 44 , 2002. Disponível em: <http://www.scielo.br/scielo.php?script=sci_arttext&pid=S0102-01882002000200008>. Acesso em: 04 abr. 2010.

TAVARES, José Fernando. **Para uma poética da leitura (ensaios)**. Literatura e teoria. 2. ed. Lisboa: Universitária Editora, 1999.

TEIXEIRA, Ivan Prado. Literatura como Imaginário: Introdução ao conceito de poética Cultural. **Revista da Academia Brasileira de Letras**, Rio de Janeiro, v. 1, p. 43-67, 2003.

VOUILLAMOZ, Núria. **Literatura e Hipermedia:** la irrupción de la literatura interactiva: precedentes y crítica. Barcelona: Paidós Papeles de Comunicación, 2000.

WANDELLI, Raquel. Passado rejuvenescido. **Caminhos Cruzados**: literatura e informática. Florianópolis, Editora da UFSC, 2005. p. 27-48.

WEINRICH, Harald. Estruturas Narrativas na escrita da História. In: JASS, Hans Robert et al. **Literatura e o Leitor:** textos de estética da recepção. 2. ed. rev. ampl. Coordenação e tradução: Luiz da Costa Lima. Rio de Janeiro: Paz e Terra, 2002.

ZAMBONI, Silvio. **A pesquisa em arte:** um paralelo entre arte e ciência. Campinas: Autores Associados, 1998.

APÊNDICE

MEMÓRIAS PÓSTUMAS DE BRÁS CUBAS
REFERÊNCIAS A FATOS HISTÓRICOS - SÉCULO XIX

Noite das Luminárias - (referência às festividades realizadas quando D. Pedro I foi elevado imperador). "Vi-a [Marcela], pela primeira vez, no Rossio Grande, na noite das luminárias logo que constou a declaração da independência, uma festa de primavera, um amanhecer da alma pública. Éramos dois rapazes, o povo e eu; vinhamos da infância, com todos os arrebatamentos da juventude" (MP, p.73).

Período de Regência - "Uma vez só falamos nisso [morte da mãe], de passagem, quando meu pai fez recair a conversa na **Regência**: foi então que aludiu à carta de pêsames que um dos Regentes lhe mandara. Trazia a carta consigo, já bastante amarrotada, talvez por havê-la lido a muitas pessoas. Creio haver dito que era de um dos Regentes. Leu-ma duas vezes" (p.98) "Bebeu seu último gole de café; repotreou-se, e entrou a falar de tudo, do Senado, da Câmara, da Regência, da restauração, do Evaristo [...] (MP, p.99).

Revolução de 1831 - "O portador era casado com uma irmã de Contrim, chegara a poucos dias antes do Norte, chamava-se Damasceno, e fizera a revolução de 1831. foi ele mesmo que me disse isto, no espaço de cinco minutos. Saíra do Rio de Janeiro, por desacordo com o Regente, que era um asno, pouco menos asno do que os ministros que serviram com ele. de resto a revolução estava outra vez às portas" (MP, p.191).

Cientificismo - Capítulos sobre o Humanitismo e sobre o Emplasto: "Essa idéia era nada menos que a invenção de um medicamento sublime, um emplasto anti-hipocondríaco, destinado a aliviar nossa melancólica humanidade. Na petição de privilégio que então redigi, chamei a atenção do governo para esse resultado, verdadeiramente cristão" (p.43-44).

Alusão ao Darwinismo - "Egoísmo, dizes tu? Sim, egoísmo, não tenho outra lei. Egoísmo, conservação. A onça mata o novilho porque o raciocínio da onça é que ela deva viver, e se o novilho é tenro tanto melhor: eis o estatuto universal" (MP, p.55).

Doenças do século - "Ao fundo, por trás do balcão, estava sentada uma mulher, cujo rosto amarelo e bexiguento não se destacava logo à primeira vista; mas logo que se destacava era um espetáculo curioso. Não podia ter sido feia; ao contrário, via-se que fora bonita, e não pouco bonita; mas a doença e uma velhice precoce destruíram-lhe a flor das graças. **As bexigas** tinham sido terríveis; os sinais, grandes e muitos faziam saliências e encarnas, declives e aclives, e davam uma sensação de lixa grossa, enormemente grossa" (MP, p.115)./ "Meu pai recomendou-me a todos, começando pelo capitão do navio, que aliás tinha muito que cuidar de si, porque além do mais, levava a mulher **tísica** em último grau" (MP, p.83)./ "O epitáfio diz tudo. Vale mais do que se lhes narrasse a moléstia de Nhã-loló, a morte, o desespero da família, o enterro. Ficam sabendo que morreu; acrescentarei que foi por ocasião da primeira entrada da **febre amarela**" (MP, p.229).	**Queda de Napoleão 1814** - "Mas eu não quero passar adiante, sem contar sumariamente um galante episódio de 1814, tinha nove anos. (MP, p.65)/ Napoleão, quando eu nasci, estava já em todo esplendor da glória e do poder; era imperador e grajeara inteiramente a admiração dos homens. Meu pai, que à força de persuadir os outros da nossa nobreza acabara persuadindo-se a si próprio, nutria contra ele um ódio puramente mental. [...] Chegando ao Rio de Janeiro a notícia da primeira queda de Napoleão, houve naturalmente grande abalo em nossa casa, mas nenhum chasco ou remoque. [...] A população, cordialmente alegre, não regateou demonstrações de afeto à real família; houve iluminações, salvas Te Deum, cortejo e aclamações" (MP, p.66)
Alusão ao desenvolvimento da Psicologia - "Que me conste, ainda ninguém relatou o seu próprio delírio; faço-o eu, e a ciência mo agradecerá. Se o leitor não é dado à contemplação destes fenômenos mentais pode saltar o capítulo; vá direto á narração" (MP, p.51).	**Progresso econômico da colônia** - "Era um sujeito, que me visitava todos os dias para falar do câmbio, da colonização e da necessidade de desenvolver a viação férrea; nada mais interessante para um moribundo" (MP, p.49).

MEMÓRIAS PÓSTUMAS DE BRÁS CUBAS - CONSTRUÇÃO DO MEMORIAL

PODER PATRIARCAL		
Escravos - "Em casa, quando lá ia passar alguns dias, não poucas vezes me aconteceu de achá-lo, no fundo da chácara, no lavadouro, a palestrar com as escravas que batiam roupa; aí é que era um desfiar de anedotas, de ditos, de perguntas, e um estalar de risadas, que ninguém podia ouvir, porque o lavadouro ficava muito longe de casa. As pretas, com uma tanga no ventre, a arregaçar-lhes um palmo dos vestidos, umas dentro do tanque, outras fora, inclinadas sobre as peças de roupa, a batê-las, a ensaboá-las, a torcê-las, iam ouvindo e redarguindo às pilhérias do tio João, e a comentá-las de quando em quando com esta palavra: - Cruz, diabo!... Este sinhô João é o diabo!" (MP, p.64).	O tio João militar - "Era isso [Napoleão] motivo de renhidas contendas em nossa casa, porque meu tio João, não sei se por espírito de classe e simpatia de ofício, perdoava no déspota o que admirava no general, meu tio padre era inflexível contra o corso, os outros parentes dividiam-se; daí as controvérsias e as rusgas" (MP, p.66).	A partilha da herança - (os imóveis, os escravos e a prataria) "Tínhamos falado na prata, a velha prataria do tempo de Dom José I, a porção mais grave da herança, já pelo lavor, já pela vetustez, já pela origem da propriedade: dizia meu pai que o Conde da Cunha, quando vice-rei do Brasil, a dera de presente a meu bisavô Luís Cubas" (MP, p.126).

CONTEXTO FAMILIAR		
O poeta glosador - "Lembra-me, com se fosse ontem, lembra-me de o ver erguer-se, com sua longa cabeleira de rabicho, casaca de seda, uma esmeralda no dedo, pedir a meu tio padre que lhe repetisse o mote, e, repetido o mote, cravar os olhos na testa de uma senhora, depois tossir, alçar a mão direita, toda fechada, menos o dedo índice, que apontava para o teto; e assim posto e composto, devolver o mote glosado" (MP, p.67).	O tio Ildefonso cônego - "Não era homem que visse a parte substancial da Igreja; via o lado externo, a hierarquia, as preeminências, as sobrepelizes, as circuns-flexões. Vinha antes da sacristia que do altar. Uma lacuna no ritual excitava-o mais do que uma infração dos mandamentos" (MP, p.64-65).	O papel da mulher - "Minha mãe era uma senhora fraca, de pouco cérebro e muito coração, assaz crédula, sinceramente piedosa - caseira, apesar de bonita, e modesta, apesar de abastada; temente às trovoadas do marido. O marido era na terra o seu deus" (MP, p.63).

ECONOMIA	Escravos - Cap. LXVIII "O Vergalho" (MP, p.158).	Banco do Brasil - "Neste mesmo dia levei-os ao Banco do Brasil" (MP, p.136).	Escravos - "Como era muito seco [Contrim] de maneiras tinha inimigos, que chegavam a acusá-lo de bárbaro. O único fato alegado neste particular era o de mandar com freqüência escravos ao calabouço, donde eles desciam a escorrer sangue; mas, além de que ele só mandava os perversos e fujões, ocorre que, tendo longamente contrabandeado em escravos, habituara-se de certo modo ao trato um pouco mais duro que esse gênero de negócio requeria, e não se pode atribuir à índole original de um homem o que é puro efeito das relações sociais" (MP, p.227).
EDUCAÇÃO	A escola - "Unamos agora os pés e demos um salto por cima da escola, a enfadonha escola, onde aprendi a ler, escrever, contar, dar cacholetas, apanhá-las, e ir fazer diabruras [...] Tinha amarguras esse tempo; tinha os ralhos, os castigos, as lições árduas e longas, e pouco mais, mui pouco mais leve. Só era pesada a palmatória, e ainda assim... (MP, p.70-71).	Castigos físicos - Então, Maricota? Toma a benção... Olha a vara de marmelo! (MP, p.118).	Curso universitário na Europa - "E foi assim que desembarquei em Lisboa e segui para Coimbra. A universidade esperava-me com as suas matérias árduas; estudei-as muito mediocremente, e nem por isso perdi o grau de bacharel; deram-mo com a solenidade do estilo, após os anos da lei; uma bela festa que me encheu de orgulho e de saudades - principalmente de saudades" (MP, p.88).

Literatura - (crítica ao Romantismo) - "Não digo que lhe coubesse a primazia da beleza [Virgília], entre as mocinhas do tempo, porque isto não é romance, em que o autor sobredoura a realidade e fecha os olhos às sardas e espinhas; mas também não digo que lhe maculasse o rosto nenhuma sarda ou espinha, não" (MP, p.101).	Missa aos domingos - "Como Damasceno morava nos Cajueiros, eu acompanhava-os muitas vezes à missa. O morro ainda nu de habitações, salvo o velho palacete do alto, onde era a capela" (MP, p.224).	Condição da mulher - "[...] para que a desgraça [de Marcela] fosse completa era agora pouco buscada a loja - talvez pela singularidade de a dirigir uma mulher" (MP, p.116).
Passeio público - "Entrava então no Passeio Público, e tudo me parecia dizer a mesma coisa" (MP, p.143).	Festas do Espírito Santo - ver nota nº 51: O culto do Divino Espírito Santo, em duas diversas manifestações, é uma das mais antigas e difundidas práticas do catolicismo popular brasileiro [...] "Era um gosto ver o Quincas Borba fazer de imperador nas festas do Espírito Santo" (MP, p.72).	Teatro - "Virgília sentara-se ao lado dele, pegou-lhe numa das mãos, compôs-lhe a gravata, e tornou a perguntar o que era. - Nada menos que um camarote. - Para a Candiani? - Para Candiani. Virgília bateu palmas, levantou-se, deu um beijo no filho, com ar de alegria pueril, que destoava muito da figura; depois perguntou se o camarote era de boca ou do centro, consultou o marido, em voz baixa, acerca do toilette que faria, da ópera que se cantava, e de não sei que outras coisas" (MP, p.151).
Religiosidade - "Virgília era pouco religiosa. Não ouvia missa aos domingos, é verdade, e creio até que só ia às igrejas em dia de festa, e quando havia algum lugar vago em alguma tribuna. Mas rezava todas as noites, com fervor, ou - pelo menos com sono. Tinha medo às trovoadas; nessas ocasiões, tapava os ouvidos, e resmoneava todas as orações do catecismo. Na alcova dela havia um oratoriozinho de jacarandá, obra de talha, de três palmos de altura, com três imagens dentro; mão não falava dele às amigas; ao contrário, tachava de beatas as as que eram só religiosas" (MP, p.140-141).	A necessidade consolidar uma linhagem nobre - Napoleão, quando eu nasci, estava já em todo o esplendor da glória e do poder; era imperador e granjeara inteiramente a admiração dos homens. Meu pai, que à força de persuadir os outros da nossa nobreza acabara persuadindo-se a si próprio, nutria contra ele um ódio puramente mental (MP, p.65-66).	Ritual fúnebre - "Soluços, lágrimas, casa armada, veludo preto nos portais, um homem veio vestir o cadáver, outro que tomou a medida do caixão, essa, tocheiros, convites, convidados que entravam. Lentamente, a passo surdo, e apertavam a mão à família, alguns tristes, todos sérios e calados, padre e sacristão, rezas, aspersões d'água benta, o fechar do caixão a prego e martelo, seis pessoas que o tomam da essa, e o levantam, e o descem a custo pela escada, não obstante os gritos, soluços e novas lágrimas da família, e vão até o coche fúnebre, e o colocam em cima e traspassam e apertam as correias, o rodar do coche, o rodar dos carros, um a um...." (MP, p.124).

145